Dr. med. Anne Fleck | Dr. med. Jörn Klasen
Dr. med. Matthias Riedl | Dr. med. Silja Schäfer

Die Ernährungs Docs

# So stärken Sie Ihr Immunsystem

Mit Rezepten von Martina Kittler sowie Texten von
Franziska Pfeiffer und Antje Brunnabend

# INHALT

### Die Symbole bei den Rezepten

- Vegan
- Glutenfrei
- Vegetarisch
- Laktosefrei
- Ballaststoffreich *mehr als 10 g Ballaststoffe pro Portion*
- Low Carb *weniger als 30 Energie-% aus Kohlenhydraten*

# IMMUNHELDEN FÜR IHREN TELLER

**In der Corona-Krise oder bei den alljährlich anrollenden Grippewellen: Immer wenn Viren und Bakterien im Anmarsch sind, zeigt sich, wie wichtig ein starkes Immunsystem ist. Erfahren Sie in diesem Buch, wie Sie Ihre Ernährung zum Booster für die Abwehr machen.**

Die Corona-Pandemie hat unser Leben verändert und enorme Auswirkungen auf den gesamten Alltag. Es gibt wohl kaum jemanden, der nichts von den Folgen gespürt hätte. Bei all den Sorgen um die Gesundheit und der Angst vor Ansteckung stellen sich viele Menschen die Frage: Was kann ich selbst für mich tun, um solche Krisen zu überstehen? Als Erstes gilt natürlich, Abstand von anderen zu halten, auf Hygiene zu achten und sich regelmäßig gründlich die Hände zu waschen. Darüber hinaus kann aber jeder mit seinem Lebensstil und seiner Ernährungsweise viel dazu beitragen, um in guten und schlechten Zeiten gesund zu bleiben – auch wenn es keinen hundertprozentigen Schutz gibt. Der Schlüssel dafür ist das Immunsystem.

Damit es stark bleibt oder wird, muss es gut „gefüttert" werden. Welche Lebensmittel sind dafür am besten geeignet? Mit welchen Inhaltsstoffen und Mechanismen wirken sie auf die Zellen? Antworten auf solche Fragen finden Sie in diesem Buch. Wir, die NDR-Ernährungs-Docs, haben unsere „Superhelden" fürs Immunsystem für Sie zusammengestellt und verraten Ihnen dazu über 50 leckere Rezepte, damit Sie gleich loslegen können. Selbst wenn Sie kein Hobbykoch sind, sich und Ihre Familie aber gut versorgen möchten, können Sie davon profitieren, indem Sie zum Beispiel Ihr gewohntes Essen von jetzt an mit frischen Supernährstoffen aufpeppen. Allerdings st Unterstützung fürs Immunsystem noch viel mehr als artgerechte Ernährung. Die Abwehr profitiert auch von einem guten Lebensstil: Überdenken Sie Ihren Umgang mit Stress. Achten Sie auf ausreichend Schlaf und pflegen Sie wohltuende Kontakte zu anderen, ohne sich anzustecken. Sorgen Sie mit kleinen Lichtblicken für gute Stimmung. Eventuell finden Sie auch die Kraft, mit dem Rauchen aufzuhören, weniger Alkohol zu trinken, den Zuckerkonsum zu reduzieren oder Sport zu treiben.

Eine Krise kann auch eine Chance sein. Wenn Sie nicht schwer krank im Bett liegen müssen, ist der Vorsatz, das Immunsystem zu stärken, auch eine gute Gelegenheit, die Ernährung umzustellen – und dies nach dem Ausnahmezustand beizubehalten. Machen Sie das Beste daraus. Bleiben Sie zuversichtlich. Gesundheit schafft Selbstvertrauen und hilft gegen Ängste. Probieren Sie schrittweise verschiedene Tipps und Rezepte aus und nehmen Sie alles, was Ihnen gefällt, mit zurück in den Alltag. Ihr Immunsystem wird es Ihnen danken! Gesundheit und guten Appetit wünschen Ihnen

# GESUNDE ERNÄHRUNG, STARKE ABWEHR

Ob Grippe, Erkältungen oder neuartige Viruserkrankungen – unser Immunsystem ist ständig Angriffen ausgesetzt. Um uns effektiv zu schützen, muss die körpereigene Abwehr gesund und stark sein. Zur Vorbeugung und während verschiedener Erkrankungen spielt der gesamte Lebensstil eine entscheidende Rolle.

Unser Immunsystem ist ein komplexes Netzwerk aus unterschiedlichen Organen, Zelltypen und Molekülen mit vielfältigen Aufgaben: Es schützt uns vor Angriffen, indem es verhindert, dass Erreger eindringen, und die bekämpft, die trotzdem in den Organismus gelangen. Schad- und Giftstoffe, Bakterien, Viren, Parasiten und Pilze bedrohen unsere Gesundheit rund um die Uhr, denn sie versuchen ständig, in den Körper zu kommen. Wir nehmen diese feindlichen Moleküle über die Haut und die Schleimhäute von Augen und Magen-Darm-Trakt ins Blut und somit alle Organe auf. Ohne eine effiziente Immunabwehr hätten sie leichtes Spiel. Doch zum Glück sind wir gewappnet. Ist das körpereigene Abwehrsystem gesund und stark, kann es die Flut der Angreifer eindämmen. Wir werden seltener krank. Im Krisenfall kann ein fittes Immunsystem vor Ansteckung schützen und erhöht die Überlebenschancen.

### Abwehrzellen in Alarmbereitschaft

Die körpereigene Abwehr ist im ganzen Organismus aktiv und schläft nie. Sobald die Immunzellen einen Eindringling ausmachen, schlagen sie Alarm und sausen dorthin, wo sie dringend gebraucht werden. Sie müssen sekundenschnell entscheiden, ob sie es mit Feinden oder Freunden zu tun haben. Beim Immunsystem wird zwischen dem angeborenen und erworbenen unterschieden – beide sind eng miteinander vernetzt und ergänzen sich gegenseitig.

Die angeborene unspezifische Abwehr bringt jeder Mensch bei der Geburt mit auf die Welt. Sie ist so etwas wie die erste Verteidigungslinie, ein äußerer Schutzwall aus Haut und Schleimhäuten, der Erreger allgemein abwehrt – vor allem mit den sogenannten Fress- und Killerzellen.

### B-Zellen und T-Zellen

Die sogenannten Lymphozyten spielen beim Aufbau des spezifischen Immunsystems eine bedeutende Rolle. Als Teil der weißen Blutkörperchen (Leukozyten) verfügen sie über unterschiedliche Funktionen. Am wichtigsten sind die B-Lymphozyten und die T-Lymphozyten, auch B- und T-Zellen genannt. Die B-Lymphozyten produzieren Antikörper gegen Viren und Bakterien; einige verwandeln sich nach einer Infektion in Gedächtniszellen, die einen früheren Keim in Erinnerung behalten. Die T-Zellen greifen direkt ein und töten Krankheitserreger oder unterstützen andere Immunzellen. Mit zunehmendem Lebensalter bildet der Körper weniger neue B- und T-Zellen. Gesunde Ernährung kann diesen Prozess verlangsamen und so den Immunstatus auch im Alter verbessern.

## Das Immunsystem ist lernfähig

Dazu kommt die erworbene Abwehr (auch erlernte oder spezifische Abwehr genannt). Sie entwickelt sich im Laufe des Lebens, bildet Antikörper und kann gezielt Krankheitserreger attackieren, mit denen der Organismus früher schon Kontakt hatte (siehe Kasten links). Das erworbene Immunsystem ist lernfähig. Es passt sich immer wieder an und kann damit auch Viren und Bakterien bekämpfen, die sich im Laufe der Zeit verändern. Diese Fähigkeit macht sich die Medizin zunutze, indem sie das Abwehrsystem durch Impfungen dazu anregt, Merkzellen zu bilden.

## Effektiv und unbemerkt

In der Regel ist die Abwehr bei gesunden Menschen erfolgreich. Sie kämpft überwiegend leise und effektiv, ohne dass wir es bemerken. Infektionen ziehen einfach so vorüber, man fühlt sich nicht einmal krank. Alles klappt wie am Schnürchen. Die Haut ist nach außen durch einen Säureschutzmantel gesichert. Flimmerhärchen halten die Atemwege sauber. Der Tränenfilm in den Augen spült Keime einfach aus. Der Magensaft ist für Erreger tödlich. Beim Husten und Niesen schleudert die Abwehr Krankheitserreger mit Wucht aus dem Körper hinaus.

## Abtransport in den Magen

Doch es gibt auch Erreger, die so hart attackieren, dass das Immunsystem schwerere Geschütze auffahren muss und länger damit zu tun hat. Einer gesunden Abwehr stehen auch hier genug Mittel zur Verfügung. Sie kann Erkältungssymptome wie Halsschmerzen oder Schnupfen zwar nicht immer verhindern, aber dafür sorgen, dass ein Infekt milder verläuft. Erreger dringen zum Beispiel beim Atmen in den Körper und treffen als Erstes auf die Schleimhaut der Atemwege. Die Abwehr identifiziert sie und lässt ihre Zellen einen Schleim produzieren, der die Feinde festhält. Die Flimmerhärchen sorgen dann dafür, dass der Schleim mit den Fremdstoffen im Gepäck in den Rachen gelangt, verschluckt und vom aggressiven Magensaft zerstört wird. Das nennt man mukoziliäre Reinigung.

## Husten hilft den Härchen

Auch Husten unterstützt die Abwehr. Er ist ein natürlicher Reflex, der Schleim, Staub oder Fremdkörper explosionsartig aus den Atemwegen herausstößt und auch Keime, Fremd- oder Schadstoffe schnell vertreibt. Husten ist dabei keine eigenständige Erkrankung, sondern ein Symptom. Er tritt häufig bei Atemwegserkrankungen auf, die als Infekte überwiegend durch Viren, manchmal aber auch durch Bakterien ausgelöst werden. Dabei bildet sich Schleim, der zusammen mit einer Entzündung Hustenreize auslöst. Bei Infektionen sind die Flimmerhärchen allein nicht mehr in der Lage, die Atemwege sauber zu halten. Also hilft der Husten nach. Sind die Flimmerhärchen vorgeschädigt oder sogar zerstört, wie es zum Beispiel bei Rauchern der Fall ist, schwillt die Schleimhaut an, um zum Schutz der Atemwege mehr Sekret zu produzieren. Die Bronchien werden dann nur noch vom Husten gereinigt, was nicht so effektiv ist wie der Abtransport über die Flimmerhärchen. Die mukoziliäre Reinigung funktioniert im Winter schlechter, denn kalte Luft draußen und trockene Heizungsluft drinnen verkleben und schwächen die Flimmerhärchen.

## Symptome: lästig, aber sinnvoll

Von den Kämpfen, die die Abwehr mit Eindringlingen über die Schleimhäute ausfechtet, spüren wir anfangs nichts. Erst wenn die Viren eindringen und sich im Körper vermehren, zeigen sich die typischen Erkältungssymptome. Meist kommt es erst zu Halsschmerzen und einem leichten Krankheitsgefühl. Husten, Heiserkeit, Schnupfen, Gliederschmerzen oder Fieber treten etwas später auf. All das ist zwar lästig, aber sinnvoll, um Erreger wieder loszuwerden.

Leider funktioniert das Immunsystem nicht immer perfekt. Bei manchen ist es stärker, bei anderen schwächer. Rollt eine Grippewelle heran oder drohen neue Viren, die zu einer Epidemie oder Pandemie führen können, wird es auf eine harte Probe gestellt. Eine ganze Reihe von Faktoren entscheidet dann darüber, ob wir uns anstecken oder nicht.

## Chronisch Kranke sind besonders gefährdet

Besonders gefährdet für Attacken von Viren und Bakterien sind ältere Menschen, denn das Immunsystem verliert im Laufe des Lebens seine Kraft. Auch Kranke haben häufig eine angeschlagene Abwehr. Ob Diabetes, Herz-Kreislauf-Erkrankungen, Rheuma oder Atemwegserkrankungen (Asthma, COPD) – mit dem Alter steigt die Zahl der chronischen Krankheiten erheblich an. Ab 45 Jahren sind etwa 45 Prozent aller Deutschen chronisch krank; bei den über 65-Jährigen beträgt der Anteil mehr als die Hälfte. Neben bestimmten Vorerkrankungen ist die Einnahme von Medikamenten, die das Immunsystem schwächen, ebenfalls ein Risikofaktor. Infektionen wie Covid-19 können aber auch bei gesunden und jungen Menschen einen schweren Verlauf nehmen und tödlich enden.

## Überwiegend pflanzlich essen

In jeder Altergruppe gilt: Ein gesunder Lebensstil ist das Beste, was Sie für Ihr Immunsystem tun können. Dazu gehören ein paar Grundpfeiler: Achten Sie auf eine überwiegend pflanzliche Ernährung mit viel frischem Obst und Gemüse. Meiden Sie Übergewicht. Verzichten Sie aufs Rauchen und trinken Sie nur wenig Alkohol. Dazu empfehlen wir regelmäßige Bewegung, ausreichend Schlaf, gezielten Stressabbau und wohldosiertes Sonnenlicht. Zusätzlich dürfen Sie natürlich nicht vergessen: Abstand zu anderen halten, Hygiene in der Küche, regelmäßig Hände waschen, Menschenmengen meiden und, wenn erforderlich, einen Mundschutz tragen.

## Die besten Fitmacher sind bunt

Wie sieht das optimale „Kraftfutter" fürs Immunsystem aus? Die Antwort lautet: vor allem bunt! Rote, grüne und gelbe Früchte und Gemüse sind die Top-Lieferanten für Vitamine, Antioxidantien, sekundäre Pflanzenstoffe und Spurenelemente. Gesunde Fette und ausreichend Eiweiß gehören ebenso auf den Speiseplan wie ballaststoffreiche Lebensmittel, die die Körperabwehr über den Darm fit machen. Doch setzen Sie nicht allein auf die Wirkung der Ernährung. Aktivieren Sie zusätzlich Ihre Selbstheilungskräfte, indem Sie auch die Seele stärken. Was in Krisenzeiten regelmäßig auf den Teller muss, wie Sie es am besten zubereiten und wie Sie die Selbstheilung in Gang setzen, erfahren Sie in diesem Buch.

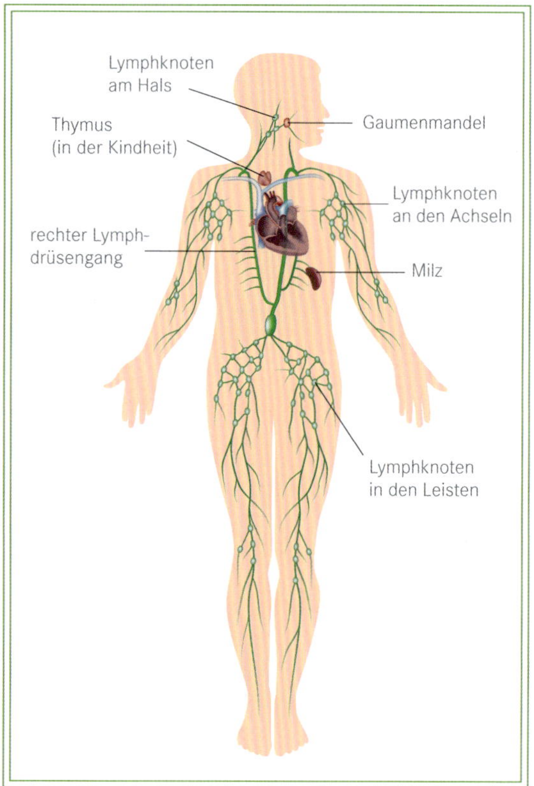


Das Lymphsystem ist als Transport- und Reinigungssystem unverzichtbar für die Immunabwehr.

## SO ARBEITET DAS LYMPHSYSTEM

Das Lymphsystem ist das größte Organ des Immunsystems und so etwas wie das Herzstück unserer Abwehr. Als körpereigenes Transport- und Reinigungssystem durchzieht es den ganzen Organismus wie ein Netzwerk aus Organen und Gefäßen, die verlässlich im Team arbeiten.

Die **Lymphe** ist eine wenig bekannte lebenswichtige Körperflüssigkeit. Sie ist wässrig, leicht gelblich und enthält viele für die Immunabwehr wichtige weiße Blutkörperchen. Sie kann unter anderem Fette, Flüssigkeiten aus dem Gewebe, Krankheitserreger, Fremdkörper, zusätzliche weiße Blutkörperchen und abgestorbene Blut- und Zellreste aufnehmen und durch die Lymphgefäße abtransportieren.

**Lymphknoten** sitzen in der Halsregion, an den Achseln, in der Leistengegend und entlang der großen Blutgefäße. Sie sind eine wichtige Schaltzentrale für das Immunsystem. Wenn sie anschwellen, ist das ein Zeichen für eine intensive Immunreaktion. In den Knoten sitzen Lymphozyten, die sich sofort sprunghaft vermehren, wenn Erreger im Anmarsch sind.

Die **Mandeln** sind wie die Lymphknoten Produktionsstätten für Abwehrzellen. Wie kleine Türsteher bewachen sie den Übergang zwischen Rachen und Hals. Zu ihnen gehören auch die Rachenmandel am Gaumendach, die Zungenmandel und das Gewebe an der seitlichen Rachenwand.

Der **Thymus** ist in der Kindheit besonders aktiv und bildet sich nach der Pubertät langsam zurück. Er gilt als Schule der Körperpolizei, denn hier werden bestimmte weiße Blutkörperchen immunologisch geprägt. Ist diese Ausbildung abgeschlossen, bildet sich der Thymus zurück. Andere Organe wie die Lymphknoten und die Milz übernehmen seine Aufgaben.

Im **Knochenmark** werden vor allem die für die Abwehr wichtigen B- und T-Zellen gebildet und vermehrt. Bei Erwachsenen findet die Bildung nur noch in Wirbelsäule, Hüfte, Rippen, Brustbein, Schultern und Schädel statt. Nachdem sich die Zellen entwickelt haben, gelangen sie über das Blut an weitere Stellen des Körpers, an denen sie sich spezialisieren.

In der **Milz** werden alte Blutzellen abgebaut und gesunde Fresszellen (Lymphozyten) gebildet, die Erreger verschlingen. Sie liegt im linken Oberbauch unter dem Zwerchfell. Durch ihr weiches Gewebe ist die Milz sehr empfindlich und wird bei Unfällen leicht verletzt.

Im **lymphatischen Gewebe im Darm** arbeitet die Abwehr auf Hochtouren, denn viele Immunreaktionen laufen dort ab. Vor allem im letzten Abschnitt des Dünndarms und im Blinddarm mit seinem Wurmfortsatz sitzen Zellen, die Antikörper (B-Zellen) produzieren. Im Dickdarm befinden sich körpereigene Bakterien, die für ein gesundes Mikrobiom sorgen (siehe Seite 10).

# MIKROBIOM: DIE ABWEHR AUS DEM BAUCH

Ein gesunder Darm ist ein entscheidender Faktor für die Fitness des Immunsystems, denn dort sitzen etwa 70 Prozent aller Immunzellen. Damit der Darm ein schlagkräftiges Organ gegen grippale Infekte und Co. wird, braucht er ballaststoffreiches Essen, das die Vielfalt des Mikrobioms fördert.

Die Darmflora ist in den letzten Jahren zunehmend erforscht worden. Dabei entdeckte man, welch enorme Wirkung das Mikrobiom, also die Gesamtheit aller Darmbakterien, auf die Immunabwehr und damit auf unsere Gesundheit hat. Wie andere Ökosysteme mag der Darm vor allem eines: Artenvielfalt. Darüber lassen sich Krankheiten wie Bluthochdruck, Diabetes, Krebs und Übergewicht beeinflussen. Ein gesundes Mikrobiom optimiert das Immunsystem, macht leistungsfähiger, hält die Verdauung und die Darmbewegungen in Schwung. Nicht umsonst wird der Darm oftmals mit dem Gehirn verglichen. Er verfügt zwar nicht über ganz so viele Nervenzellen wie der Kopf, beherbergt aber mit Abstand die zweitmeisten Nervenzellen im ganzen Körper. Darm und Hirn stehen in ständigem Austausch. Deshalb ist es nicht verwunderlich, dass das Mikrobiom auch auf die Seele wirkt. Psychische und nervliche Erkrankungen können sich ebenfalls verbessern, wenn die Darmflora gesund ist.

### Häufiger krank trotz gesunder Nahrung

Ein Versuch mit Labormäusen, der an der Universität Utah durchgeführt wurde, legt die Vermutung nahe, dass es Zusammenhänge zwischen Ernährung und Immunsystem über das Mikrobiom gibt. Die Wissenschaftler nahmen dafür Mäuse, deren Immunsystem aufgrund eines Gendefekts geschwächt war; ihnen fehlte ein spezielles Molekül in den T-Helferzellen. Normalerweise regen diese Zellen andere Immunzellen zur Bildung von Antikörpern an. Ohne das spezielle Molekül können sie dies aber nicht.
Die Folge: Trotz gesunder Nahrung nahmen die Mäuse mehr zu als Artgenossen ohne Gendefekt. Sie wurden übergewichtig und neigten stärker zu Diabetes. Bei der Untersuchung des Mikrobioms zeigte sich, dass den Tieren bestimmte nützliche Bakterien aus der Familie der Clostridien fehlten, die die Fettaufnahme aus der Nahrung bremsen.

### Ballaststoffe spielen eine zentrale Rolle

Lässt sich die Funktionsfähigkeit des Immunsystems also mit der Ernährung unmittelbar beeinflussen? Es gibt keine spezielle Darmdiät, die eine gesunde

**Bitterstoffe machen stark**

Für ein schlagkräftiges Immunsystem, einen aktiven Stoffwechsel und eine gute Verdauung eignen sich bitterstoffhaltige Gemüse und Kräuter besonders (siehe Seite 19). Dazu gehören Radicchio, Rucola, Endivie, Chicorée, Artischocke, Rosenkohl und Wirsing. Bei den Kräutern sind vor allem Koriander, Salbei, Kerbel und Löwenzahn reich an Bitterstoffen.

Darmflora garantiert. Doch wir wissen, dass Ballaststoffe (Präbiotika) eine zentrale Rolle spielen. Gute Darmbakterien ernähren sich nicht nur von ihnen, sondern bauen sie zu Substanzen ab, die die Darmschleimhaut braucht. Das wiederum stärkt die Abwehr. Bei Versuchen mit Mäusen zeigte sich, dass Tiere, die keine Ballaststoffe aßen, so dünne Schleimschichten bekamen, dass Keime, mit denen sie besiedelt wurden, Löcher in die Darmwand fraßen und die Mäuse krank machten. Die Schleimschicht der Tiere, die eine ballaststoffreiche Kost bekamen, wurde dagegen dicker und schützte besser.

### Prä- und Probiotika für den Darm

Präbiotika sind gutes Futter für Bakterien, die das Mikrobiom bereichern. Sie regen günstige Darmbakterien selektiv zum Wachsen an. Präbiotika stecken vor allem in Gemüse (Chicorée, Zwiebeln, Knoblauch, Topinambur, Lauch, Spargel, Schwarzwurzeln), aber auch in Vollkornprodukten. Ein wahres Festessen für gute Darmbakterien ist unverdauliche Stärke, die entsteht, wenn man Reis oder Kartoffeln kocht, erkalten lässt und dann erst isst. Probiotika sind lebende Mikroorganismen, die sich in vergorenen Lebensmitteln finden (wie Sauerkraut, Joghurt, Kefir, Buttermilch). Sie verdrängen zum einen die ungesunden Darmbakterien und unterstützen die vorhandenen guten. Zum anderen können einige Probiotika auch Abwehrstoffe gegen krank machende Keime bilden.

### Fast Food und Co. reduzieren die Vielfalt

So positiv sich die richtige Ernährung auf den Darm auswirkt, so gilt im Umkehrschluss auch: Eine ungesunde Ernährungsweise, wie sie in der westlichen Welt leider weitverbreitet ist, reduziert die Vielfalt der Darmbakterien und schwächt das Immunsystem. Fast Food, Alkohol, Fertiggerichte und verarbeitetes Fleisch stärken die schlechten und schwächen die guten Darmbewohner. Belastend wirken auch zu viel Salz, Farb-, Süß- und Zusatzstoffe, Emulgatoren und Stabilisatoren, wie sie häufig in verarbeiteten Produkten verwendet werden.

### Die Ernährungs-Docs

Das sogenannte viszerale Bauchfett belastet das Immunsystem in besonderem Maße, denn dessen Gewebe in der Bauchhöhle zwischen Darmschlingen, Leber und Magen ist wesentlich aktiver als andere Fettgewebe. Bauchfettzellen schütten vermehrt entzündungsfördernde Hormone und Botenstoffe aus, die wiederum weitere schädliche Stoffe produzieren. Das „Eingeweidefett“ enthält Immunzellen, deren Immuneiweiße Entzündungen in den Blutgefäßen anfeuern, die Abwehr schwächen, Herz-Kreislauf-Erkrankungen, Arteriosklerose, Darmkrebs und Diabetes fördern. Das viszerale Bauchfett kann auch für Normalgewichtige zum Risiko werden. Anzeichen dafür sind ein relativ großer Bauchumfang und ein erhöhter Blutzucker in nüchternem Zustand.

### Geburt, Hygiene, Antibiotika, Schlaf

Die Ernährung ist aber nicht alles. Es gibt auch noch viele andere Faktoren, die den Zustand des Darms beeinflussen. Das beginnt schon mit der Art der Geburt. Babys, die per Kaiserschnitt auf die Welt kommen, sind schlechter geschützt als Neugeborene, die während der Geburt durch die vaginale Flora der Mutter mit nützlichen Darmbakterien besiedelt werden. Übertriebene Hygiene und die zu häufige Einnahme von Antibiotika wirken sich ebenfalls schädigend auf die Darmflora aus. Und nicht zu vergessen: Das Mikrobiom mag Schlaf im festen Rhythmus von sechs bis acht Stunden täglich. Sonst verändert es sich auf ungünstige Weise.

# CHECK-UP: WIE FIT IST IHR IMMUNSYSTEM?

Ob es um Ernährung, Bewegung, guten Schlaf oder einen gesunden Umgang mit Stress geht – unser Lebensstil bestimmt zu einem großen Teil, wie fit die körpereigene Abwehr ist. Machen Sie den Test, um herauszufinden, wie es um Ihr Immunsystem steht, und erkennen Sie so Ihr individuelles Risiko.

**Wie oft essen Sie Obst und Gemüse?**

| | |
|---|---|
| Fast gar nicht | 0 |
| Zwei- bis dreimal in der Woche | 1 |
| Regelmäßig jeden Tag | 2 |

**Wie viel trinken Sie täglich?**

| | |
|---|---|
| Weniger als ½ Liter | 0 |
| Etwa 1 Liter | 1 |
| Mindestens 2 Liter | 2 |

**Wie essen Sie?**

| | |
|---|---|
| Meistens unterwegs auf die Hand | 0 |
| Mal am Tisch, mal unterwegs auf die Schnelle | 1 |
| Mindestens zweimal täglich am Tisch | 2 |

**Rauchen Sie?**

| | |
|---|---|
| Regelmäßig jeden Tag | 0 |
| Gelegentlich | 1 |
| Nie | 2 |

**Wie schlafen Sie?**

| | |
|---|---|
| Ich liege viel zu oft wach | 0 |
| Manchmal schlecht | 1 |
| Überwiegend gut | 2 |

**Wie ist Ihr Umgang mit Stress?**

| | |
|---|---|
| Schlecht, ich stehe immer unter Strom | 0 |
| Manchmal leide ich darunter | 1 |
| Ich kann ihn gut abbauen | 2 |

**Wie alt sind Sie?**

| | |
|---|---|
| Über 65 Jahre | 0 |
| 40 bis 65 Jahre | 1 |
| Unter 40 Jahre | 2 |

**Wie oft sind Sie erkältet?**

| | |
|---|---|
| Gefühlt fast immer | 0 |
| Etwa sechsmal im Jahr | 1 |
| Höchstens dreimal im Jahr | 2 |

### Wie oft treiben Sie Sport?

| | |
|---|---|
| Selten | **0** |
| Ein paar Mal im Monat | **1** |
| Mindestens zweimal pro Woche | **2** |

### Wie viel Alkohol trinken Sie?

| | |
|---|---|
| Täglich mehr als ein Glas | **0** |
| Zwei- bis dreimal pro Woche ein Glas | **1** |
| Wenig oder gar nichts | **2** |

### Wie oft sind Sie draußen?

| | |
|---|---|
| Fast nie | **0** |
| Nur am Wochenende | **1** |
| Jeden Tag eine halbe Stunde oder mehr | **2** |

### Sind Sie chronisch krank?

| | |
|---|---|
| Ja | **0** |
| Nein | **2** |

## AUSWERTUNG

**20 bis 24 Punkte:** Sehr gut, Sie tun schon sehr viel für Ihr Immunsystem. Versuchen Sie, sich in den Bereichen zu verbessern, in denen Sie wenig Punkte haben.

**12 bis 19 Punkte:** Ihr Ergebnis ist nicht schlecht, Sie könnten aber mehr tun, um seltener krank zu werden. Verbessern Sie gezielt Ihre Schwachpunkte.

**0 bis 11 Punkte:** Ihr Immunsystem ist leider nicht besonders in Form. Versuchen Sie, Ihren Lebensstil in Sachen Ernährung, Bewegung und Entspannung zu ändern.

# NEUES AUS DER FORSCHUNG

Die Wissenschaft ist ständig auf der Suche nach belegbaren Zusammenhängen zwischen Ernährung und Immunsystem. Lesen Sie hier neue Erkenntnisse über abwehrstärkende Bio-Eier, Brokkoli für die Lunge und Schokolade für gute Laune.

### Alarmsignal: Zahnfleischbluten

Zahnfleischbluten kann das Immunsystem schwächen. Eine Studie der Universität Pennsylvania kam zu der Erkenntnis, dass die gleichen Bakterien, die eine entzündliche Parodontitis mit Zahnfleischbluten auslösen, die Abwehrfähigkeit der weißen Blutkörperchen blockieren. Parodontitisbakterien und Entzündungsstoffe gelangen über das Zahnfleisch in den Körper. Abfallprodukte der Entzündungen „füttern" die schlechten Darmbakterien.

### Bitte recht scharf!

Ob vorbeugend oder wenn die Erkältung bereits ausgebrochen ist – wer scharf isst, tut seinem Immunsystem etwas Gutes. Besonders geeignet sind dafür Gewürze aus der indischen und asiatischen Küche, die uns ins Schwitzen bringen. Gerichte mit Paprika, Ingwer, Chili und Pfeffer stärken mit ätherischen Ölen und sekundären Pflanzenstoffen die Körperabwehr. Vor allem heiße scharfe Suppen wirken bei Erkältung schleimlösend.

### Warum Bio-Eier besser sind

Eier sind gesünder als ihr Ruf. Dank der Vitamine A, D und E stärken sie das Immunsystem und tragen dazu bei, freie Radikale im Körper zu bekämpfen. Wer beim Ei-Essen viele Vitamine aufnehmen will, sollte auf Bioqualität achten. Wissenschaftler der englischen University of Reading konnten nachweisen, dass Bio-Eier etwa 30 Prozent mehr Vitamin D, 50 Prozent mehr Carotinoide, zwei Drittel mehr Vitamin A und dreimal mehr Vitamin E enthalten als Eier von Hühnern aus Käfig- oder Bodenhaltung.

### Gesunde Bitterschokolade

Schokolade tut nicht nur der Seele gut. Sie kann auch das Immunsystem stärken, fanden Forscher der kalifornischen Loma-Linda-Universität heraus. Voraussetzung dafür ist ein Kakaoanteil von mindestens 70 Prozent, wie ihn nur Bitterschokolade enthält. Der Hintergrund: Kakao ist eine reichhaltige Quelle für Flavonoide, die freie Radikale im Körper bekämpfen. Beim Genuss von Bitterschokolade werden T-Zellen aktiviert, die die körpereigene Widerstandskraft stärken.

### Weniger Gewicht, stärkere Abwehr

An der Universität Halle konnte gezeigt werden, dass der Abbau von Übergewicht das Immunsystem stärkt. Übergewichtige Probanden stellten ihre Ernährung um und trieben Sport. Das Immunsystem konnte seine Abwehrzellen aktivieren, sobald die Männer und Frauen Gewicht verloren hatten. Der abwehrstimulierende Stoff Interferon Gamma stieg um das Doppelte.

### Brokkoli stärkt die Lungen

Wissenschaftler der Johns Hopkins School of Medicine in Baltimore entdeckten Brokkoli als Helfer bei der Entwöhnung vom Rauchen. Ein Gen namens NRF2, das die Zellen vor Schadstoffen schützt, funktioniert bei Rauchern nur noch sehr schlecht. Die Folge: Ihre Lungenbläschen können sich nach Angriffen nicht mehr richtig erholen. Das in Brokkoli enthaltene Sulforaphan kann dieses Gen wieder fit machen und Rauchern das Aufhören erleichtern.

### Spermidin gegen Coronaviren?

Als möglicher Kandidat gegen Coronaviren wurde der Stoff Spermidin entdeckt, der als körpereigene Substanz den Zellreinigungsprozess verstärkt. Wissenschaftler des Uniklinikums Bonn und der Berliner Charité zeigten in einer Studie erstmals, dass Spermidin auch die Vermehrung des neuartigen Coronavirus SARS-CoV-2 hemmen kann. Allerdings stehen die Forschungen noch ganz am Anfang. Spermidin aus Weizenkeimextrakt gibt es bereits als Nahrungsergänzungsmittel in Apotheken. Es findet sich auch in Champignons, Weizenkeimen, Äpfeln, Grapefruits, reifem Käse, Sojabohnen, Pinienkernen und Kichererbsen.

# DIE RICHTIGE ERNÄHRUNG: WAS SIE JETZT BRAUCHEN

Schlechtes Essen wirkt auf das Immunsystem wie eine Infektionskrankheit. Statt Fast Food und Co. müssen echte Starkmacher aus Obst und Gemüse auf den Teller. Die Abwehr braucht vor allem Vitamine, Mineralstoffe und Antioxidantien, um Erreger in Schach zu halten.

Morgens Schokobrötchen, später einen Burger mit Cola im Schnellrestaurant, nachmittags ein Stück Kuchen zum Kaffee und abends ein Würstchen mit Weißbrot am Imbiss um die Ecke – wer sich so ernährt, wird auf Dauer krank. Das ist schon länger bekannt. Warum dies so ist und was es mit dem Immunsystem zu tun hat, konnte eine Studie der Universität Bonn kürzlich belegen. Dabei machten die Forscher eine erschreckende Entdeckung: Fast Food wirkt wie eine bakterielle Infektionskrankheit auf das Immunsystem. Die Zellen reagieren auf die ungesunden Kombinationen aus Fett und leeren Kohlenhydraten wie auf einen Angriff, vor dem sie den Körper schützen müssen.

### Das Immunsystem reagiert verwirrt

Das Forscherteam aus Bonn entdeckte bei Mäusen, die vier Wochen schlechtes Futter bekommen hatten, einen Sensor („Fast-Food-Sensor"). Der aktivierte in Vorläuferzellen der Immunzellen bestimmte Gene, die die Zellen aufweckten, vermehrten und schneller reifen ließen, obwohl sie eigentlich gar nicht gebraucht wurden. Das Immunsystem war verwirrt, geriet regelrecht außer Rand und Band. Die körpereigene Abwehrtruppe bekämpfte die vermeintlichen Feinde mit Entzündungen. Als die Mäuse danach wieder gesund und ballaststoffreich ernährt wurden, gingen die Entzündungen zurück, die Gene blieben aber verändert. Es handelt sich hierbei zwar nur um einen Tierversuch, aber die Wissenschaftler entdeckten ähnliche Sensoren auch in menschlichen Zellen. Sie gehen deshalb von der naheliegenden Vermutung aus, dass die Prozesse in unserem Körper sehr ähnlich ablaufen.

### Nährstoffe für die Abwehrzellen

Gutes Essen stärkt das Immunsystem, indem es die Abwehrzellen mit genügend Eiweiß und anderen Nährstoffen versorgt, die sie für ihre Arbeit brauchen. Dazu gehören zum Beispiel Vitamin C, Zink, Selen, Magnesium und viele andere mehr; manchmal auch Vitamin D als Nahrungsergänzungsmittel. Ob im Krankheitsfall oder wenn man gesund ist:

### Die Ernährungs-Docs

Zink gehört zum antioxidativen Schutzmantel unseres Körpers und bewahrt die Zellen vor Schäden durch freie Radikale. Zudem fördert es die körpereigene Abwehr von Viren und Bakterien und kann die Dauer von Erkältungen verkürzen. Bestimmte Immunabwehrzellen könnten ohne Zink nicht gebildet werden. Das Spurenelement steckt vor allem in tierischen Produkten (wie Fleisch, Geflügel, Käse, Milch und Eiern), aber auch in Nüssen, Haferflocken und Linsen.

Dank gesunder Fette sind Nüsse der perfekte Snack.

Für eine immunstärkende Ernährung gelten die gleichen Grundregeln. Der Körper benötigt drei Hauptnährstoffe: Kohlenhydrate, Eiweiß und Fett, die sogenannten Makronährstoffe. Bei der Auswahl sollten Sie immer auf die Qualität achten.

### Die Makronährstoffe

Kohlenhydrate bestehen aus Zuckermolekülen, die im Magen-Darm-Trakt zu Glukose umgewandelt und schnell verwertet werden, um unsere Muskeln und unser Gehirn mit Energie zu versorgen. Lieferanten von hochwertigen Kohlenhydraten sind Vollkornprodukte und Gemüse. Ungesunde Kohlenhydrate stecken vor allem in Zucker und Weißmehlprodukten, die Sie daher meiden sollten. Bei den Fetten macht die Zusammensetzung der Fettsäuren den Unterschied. Vor allem mehrfach ungesättigte Omega-3- und Omega-6-Fettsäuren haben einen stärkenden Einfluss auf das Immunsystem und auf die Gesundheit allgemein. Setzen Sie auf hochwertiges Fett aus Oliven-, Walnuss- und Leinöl. Fettreiche Fischsorten (Makrele, Lachs, Hering) sind ebenso wie Nüsse und Samen (Chia- und Leinsamen) gute Fett-Öl-Lieferanten. Sogenannte Transfettsäuren, wie sie vor allem in Frittiertem und Fertiggerichten stecken, sollten Sie meiden. Wertvolles Eiweiß für den (Immun-)Zellaufbau liefern tierische (unverarbeitetes Fleisch, Fisch, Eier, Milchprodukte) und pflanzliche Quellen (Hülsenfrüchte, Kartoffeln, Pilze, Getreide und Nüsse).

### Vitaminmangel kommt kaum vor

Zu den Makronährstoffen kommen die sogenannten Mikronährstoffe, die ebenfalls lebenswichtige Aufgaben im Körper übernehmen. Dazu gehören Vitamine, Mineralstoffe und Spurenelemente. In einer gesunden Mischkost mit reichlich frischem Gemüse, Obst, ausreichend Vollkornprodukten, wenig Fleisch und Milchprodukten sind genug Mikronährstoffe enthalten. Ein Vitaminmangel kommt bei einer ausgewogenen Ernährung kaum vor, außer bei Vitamin D, das wir besser über die Sonne als über die Nahrung aufnehmen. Für das Immunsystem spielt Vitamin C die wichtigste Rolle, da es die Abwehr mobilisiert und die Heilung beschleunigt (siehe Seite 24). Vitamin E schützt die Zellwände und ist stark im Kampf gegen sogenannte freie Radikale. Wer Vitamin D und E als Nahrungsergänzung nehmen will, sollte das nur in Absprache mit dem Arzt tun, denn

#### Vorsicht, Salz!

Zu viel Salz schwächt offenbar das Immunsystem gegenüber Bakterien – und zwar nicht nur vor, sondern auch während einer bakteriellen Infektion. Das zeigte sich in Tierversuchen und in einer Studie mit Menschen. Dabei konnten die Immunzellen der Probanden bereits nach einer Woche mit salzreicher Kost schlechter mit Eindringlingen fertigwerden. Daher sollten Erwachsene nicht mehr als sechs Gramm Salz pro Tag zu sich nehmen.

### Sonderfall Vitamin D

Ein Mangel an Vitamin D schwächt die Abwehr. Das fettlösliche Vitamin lässt sich nur in geringen Mengen über die Nahrung aufnehmen. Deutlich mehr liefert uns die Sonne über die körpereigene Synthese (siehe Seite 41). Eine gängige ausgewogene Ernährung bringt uns lediglich zwei bis vier Mikrogramm Vitamin D pro Tag, nötig wären aber 20. Ältere, kranke und lichtempfindliche Menschen sollten Ihren Vitamin-D-Spiegel deshalb vom Arzt bestimmen lassen und das Vitamin dann gegebenenfalls als Nahrungsergänzungsmittel nehmen. Wichtig: Vitamin-D-Tabletten sollte man nicht mit Wasser, sondern mit Fett (zum Beispiel als Vigantolöl) einnehmen. Allerdings darf die Supplementierung nicht das Draußensein ersetzen. Dafür gelten folgende Regeln:

- Gehen Sie um die Mittagszeit nach draußen. Tipp: Der eigene Schatten sollte kleiner sein als man selbst, dann ist die UVB-Strahlung hoch genug.
- Setzen Sie möglichst viel nackte Haut ohne Sonnenschutzmittel der Sonne aus. Für helle Haut sind im Sommer 5 bis 15 Minuten, im übrigen Jahr 10 bis 25 Minuten genug. Menschen mit dunkler Haut vertragen bis zur dreifachen Zeit in der Sonne.
- Einen Sonnenbrand sollte man unbedingt vermeiden (allerdings besteht dafür in der kurzen Zeit keine Gefahr).

diese Vitamine können sich im Körper anreichern, da sie wie Vitamin A und K zu den fettlöslichen Vitaminen gehören.

### Mineralstoffe aus der Nahrung

Mineralstoffe sind anorganische Stoffe, die im Organismus zahlreiche Funktionen haben und auch bei der Immunabwehr eine Rolle spielen. Je nach Konzentration im Körper werden sie in zwei Gruppen eingeteilt: in Mengenelemente (Natrium, Kalium, Kalzium, Phosphor, Magnesium) und Spurenelemente (Zink, Eisen, Jod, Fluor, Selen). Der Körper kann sie nicht selbst bilden und ist daher auf die Zufuhr aus der Nahrung angewiesen. Für die Abwehr sind Zink (siehe Seite 16), Selen und Eisen besonders wichtig. Selen ist an antioxidativen Prozessen beteiligt und stimuliert die Antikörperproduktion, während Eisen „Futter" für Fresszellen ist. Wichtige Lieferanten für Zink, Selen und Eisen sind Vollkornprodukte.

### Pflanzenstoffe: Futter für die Abwehr

Das Immunsystem wird auch durch sekundäre Pflanzenstoffe gestärkt. Normalerweise schützen diese Substanzen als Abwehr-, Duft-, Farb- oder Geschmacksstoffe Pflanzen vor Fressfeinden und Krankheiten. Wenn wir pflanzliche Lebensmittel essen, nehmen wir diesen wichtigen Schutz gleich mit auf und füttern damit die Immunzellen. Zu den sekundären Pflanzenstoffen gehören unter anderem Flavonoide, Carotinoide, Glucosinolate, Saponine, Sulfide und einige Pflanzenhormone, die antioxidative, antibakterielle und entzündungshemmende Eigenschaften haben. Sekundäre Pflanzenstoffe finden sich in Obst, Gemüse, Hülsenfrüchten, Kräutern, Gewürzen, Nüssen und Vollkornprodukten. Unser Tipp: Wer nicht genug davon essen mag, kann auf Ingwer-Shots (siehe Seite 82) oder grüne Smoothies setzen. Aus grünem Blattgemüse, Früchten, Wasser und einem Löffel kalt gepresstem Leinöl wird im Mixer schnell ein Powergetränk fürs Immunsystem.

Grüne Smoothies: Immunpower aus dem Glas.

### Häufig unterschätzt: Ballaststoffe

Während die meisten den gesundheitlichen Wert von Vitaminen und Co. fürs Immunsystem kennen, ist die Wirkung von Ballaststoffen auf die Abwehr wenig bekannt. Dabei sind die pflanzlichen Faser- und Quellstoffe nicht nur gute Sattmacher, die die Darmtätigkeit ankurbeln, sondern auch Powerstoffe für die körpereigenen Abwehrkräfte. Der Darm ist das wichtigste Immunorgan des Menschen. Damit er funktioniert, müssen die Darmflora und die Darmschleimhaut intakt sein. Dazu tragen auch Bitterstoffe (siehe Seite 10) bei, die wahre Multitalente für die Abwehr sind. Sie fördern die Sekretbildung und sorgen dafür, dass Krankheitserreger schneller ausgeschieden werden.

### Bakterienvielfalt für den Darm

Auch Pro- und Präbiotika aus der Nahrung sind wirksame kleine Helfer für den Darm. Sie unterstützen die Bakterienvielfalt, die bei schlechter Ernährung aus dem Gleichgewicht geraten kann, mit zahlreichen gesundheitsfördernden Eigenschaften.

### Schleimhäute brauchen Flüssigkeit

Während einer Infektion braucht der Körper mehr Flüssigkeit als sonst - unter anderem, weil Wasser und Co. die Schleimhäute vor dem Austrocknen schützen. Im Winter ist es besonders wichtig, genug zu trinken, denn bei Kälte spüren die meisten Menschen weniger Durst als an heißen Sommertagen. Ohne ausreichend Flüssigkeit funktionieren die Schleimhäute nicht mehr richtig und können Erreger nicht abwehren. Es kommt leichter zu Erkältungen und Infektionen. Achten Sie darauf, dass Sie Ihre Getränke über den Tag verteilen und nicht alles auf einmal zu sich nehmen. Trinken Sie mindestens zwei Liter täglich, und zwar kalorienfreie Getränke wie Wasser oder ungesüßten Kräutertee. Auch Grün- und Ingwertee sind gut geeignet. Zwei bis drei Tassen Kaffee sind ebenfalls erlaubt, wenn Ihnen danach ist. Auf Alkohol sollten Sie verzichten.

### Aus der Naturmedizin

Sie möchten Ihr Immunsystem im Krankheitsfall mit Medikamenten aus der Naturmedizin unterstützen? Je nach Beschwerden sind zum Beispiel Ferrum sidereum, Viscum album, Vaucheria, Levico, Gelsemium oder Umckaloabo geeignet. Fragen Sie Ihren Arzt danach. Täglich 1 TL Propolis als Nahrungsergänzungsmittel enthält reichlich Vitamine und hat eine antibiotische Wirkung. Propolis ist ein gummiartiges Kittharz, das Bienen produzieren, um den Bienenstock gegen Viren, Bakterien und Pilze zu schützen. Achtung: Wer allergisch auf Bienen- oder Wespenstiche reagiert, sollte Propolis nicht verwenden. Auch für Schwangere und Stillende ist es ungeeignet.

# WICHTIGE NÄHRSTOFFE FÜR IHR IMMUNSYSTEM

Sie zählen zu den Mikronährstoffen, leisten aber Großes – und das nicht nur fürs Immunsystem. Welche Mengen wir von welchen Nährstoffen jeden Tag zu uns nehmen sollten und wie das mit Lebensmitteln machbar ist, sehen Sie hier.

| Nährstoff | Tagesbedarf * | gedeckt mit/enthalten in | Relevanz fürs Immunsystem |
|---|---|---|---|
| **Fettlösliche Vitamine** | | | |
| **Vitamin A bzw. Beta-Carotin** | 1 mg | 10 g Leberwurst, 60 g Möhren oder 130 g Honigmelone (v. a. in Fischleberölen und Leber, gelbem Gemüse und Früchten) | • Hält Haut und Schleimhäute gesund<br>• Erhöht somit die Widerstandsfähigkeit gegenüber Infektionen |
| **Vitamin D** | 20 µg | 500 g Lachsfilet oder 100 g Heringsfilet (v. a. in fettem Seefisch, Leber, Margarine, Eigelb) | • Fördert die Produktion von T-Lymphozyten<br>• Moduliert überschießende Immunantwort auf ein Normalmaß |
| **Vitamin E** | 14 mg | 60 g Mandeln, 50 g Haselnüsse, 8 g (1 TL) Weizenkeimöl oder 30 g (2 EL) Distelöl (v. a. in Nüssen und Pflanzenölen) | • Schützt vor freien Radikalen und stärkt damit das Immunsystem<br>• Stabilisiert die Zellmembranen |
| **Vitamin K** | 70 µg | 50 g Brokkoli, 10 g Grünkohl, 10 g Mangold oder 20 g Spinat (v. a. in grünem Gemüse, auch in Leber, Ölen, Hülsenfrüchten, Obst, Vollkornprodukten) | • Trägt zur normalen Blutgerinnung bei<br>• Hilft bei der Regulation von Zellprozessen wie der Zellteilung |
| **Wasserlösliche Vitamine** | | | |
| **Vitamin C** | 110 mg | 200 g Kiwi, 200 g Orange oder 125 g Brokkoli (geputzt) (v. a. in frischem Obst und Gemüse, insbesondere unter der Schale) | • Mobilisiert die Abwehr und beschleunigt die Heilung<br>• Wirkt antioxidativ, schützt vor freien Radikalen<br>• Trägt zur normalen Funktion des Immunsystems bei |
| **Thiamin, Vitamin $B_1$** | 1,2 mg | 60 g Sonnenblumenkerne, 220 g Vollkornhaferflocken oder 150 g Schweinefilet (v. a. in Vollkornprodukten, Schweinefleisch, Erdnüssen, Thunfisch, Scholle, Kartoffeln) | • Wichtig für die Energiegewinnung aus Kohlenhydraten und Eiweiß<br>• Beteiligt an der Reizweiterleitung im Nervensystem |
| **Riboflavin, Vitamin $B_2$** | 1,4 mg | 45 g Schweineleber (v. a. in Leber, Fleisch, Milch, Käse, Eiern, Vollkornprodukten) | • Trägt dazu bei, die Zellen vor oxidativem Stress zu schützen<br>• Hält die Schleimhäute gesund |

| | | | |
|---|---|---|---|
| **Niacin, Vitamin B3** | 15 mg | 80 g Weizenkleie, 75 g Erdnüsse, 120 g Thunfisch oder 80 g Kalbsleber (v. a. in Leber, Seefisch, Erdnüssen, Weizen) | • Wichtig als Coenzym in zahlreichen Stoffwechselvorgängen<br>• Trägt zur Erhaltung der Schleimhäute bei |
| **Pantothensäure, Vitamin B5** | 6 mg | 90 g Hühnerleber (v. a. in Innereien, Linsen, Eiern, Käse, Haferflocken) | • Wichtiger Enzymbestandteil<br>• Trägt zu normaler Synthese und zum Stoffwechsel von Steroidhormonen, Vitamin D und einigen Neurotransmittern bei |
| **Pyridoxin, Vitamin B6** | 1,5 mg | 300 g Schweinefilet oder 300 g Lachsfilet (v. a. in Leber, Seefisch, Vollkornprodukten, Nüssen, Hefe, Bananen) | • Coenzym im Protein-Stoffwechsel<br>• An der Bildung von Botenstoffen und im Fettstoffwechsel beteiligt<br>• Beeinflusst bestimmte Hormonaktivitäten |
| **Cobalamin, Vitamin B12** | 3 µg | 35 g Herings- oder Makrelenfilet oder 100 g Emmentaler (v. a. in Eigelb, Käse, Innereien, fettem Seefisch) | • Wichtiger Cofaktor für zahlreiche Enzyme<br>• Verantwortlich für die Bildung roter Blutkörperchen<br>• Trägt zu normalem Energiestoffwechsel bei |
| **Biotin** | 30 - 60 µg | 75 g getrocknete Sojabohnen oder 45 g Rinderleber (v. a. in Leber, Hefe, Milch, Keimen) | • Wichtiges Coenzym im Stoffwechsel<br>• Pflegt und normalisiert das Hautbild |
| **Folsäure** | 300 µg | 150 g getrocknete weiße Bohnen, 200 g Spinat oder 10 g Bierhefe (v. a. in Hefe, Weizenkeimen, Spinat, Leber) | • Sorgt für Zellteilung und Zellwachstum<br>• Hilft beim Aufbau von Nukleinsäuren (DNA)<br>• Wichtig in der Schwangerschaft |
| **Ausgewählte Spurenelemente** | | | |
| **Eisen** | 10 mg | 220 g Kürbiskerne, 200 g Haferflocken oder 60 g Schweineleber (v. a. in tierischen Lebensmitteln bzw. hieraus besser verfügbar) | • Trägt zur normalen Bildung der roten Blutkörperchen bei<br>• Wichtig für die Zellteilung und die normale Funktion des Immunsystems |
| **Zink** | 10 - 14 mg (je nach Phytat-Aufnahme) | 200 g Kalbsleber (v. a. in Fleisch, Fisch, Käse, Eiern, Vollkornprodukten, Gemüse) | • Wichtiger Bestandteil mehrerer Enzyme<br>• Trägt zu einer normalen Funktion des Immunsystems bei |
| **Selen** | 70 µg | 175 g Makrele, 125 g Schweineleber oder 100 g Paranüsse (v. a. in Fleisch, Wurst, Eiern, Meeresfrüchten, Zuchtfischen, Paranüssen, Spargel, Pilzen, Hülsenfrüchten, Kohl, Zwiebeln) | • Wichtiger Enzymbestandteil<br>• Antioxidativ wirksam<br>• Trägt zu einer normalen Funktion des Immunsystems bei |

* D-A-CH-Referenzwerte für die tägliche Nähr- und Mineralstoffzufuhr (2015), für Männer, 25 - 50 Jahre

# WER BRAUCHT NAHRUNGS-ERGÄNZUNGSMITTEL?

Wer sich gesund ernährt, muss keine zusätzlichen Vitalstoffe in Form von Nährstoffpillen aus der Apotheke kaufen, um die Abwehr auf Trab zu bringen. So weit, so gut. Doch es gibt Ausnahmen, in denen ergänzende Vitamine, Eisenpräparate und Co. durchaus sinnvoll sein können.

Vitamintabletten fürs Immunsystem, Pillen gegen Übergewicht oder hoch dosierte Pflanzenstoffe bei Gelenkbeschwerden – eine Umfrage im Auftrag der Verbraucherzentralen ergab, dass jeder dritte Deutsche regelmäßig zu Nahrungsergänzungsmitteln greift. Denn die Werbung verspricht meist große Effekte mit wenig Aufwand. Leider fehlen in der Regel verlässliche Informationen und Hinweise auf mögliche Risiken. Eine ausgewogene Ernährung liefert meist genug Nährstoffe, Vitamine und Mineralien für ein gesundes Immunsystem. Zusätzliche Supplemente sind nur in Sonderfällen sinnvoll, die wir Ihnen hier vorstellen.

Manchmal sinnvoll: Nahrungsergänzungsmittel.

### Gesunde Fettsäuren statt Fisch

Mitunter kommt es auch bei Menschen, die sich grundsätzlich gesund ernähren, zu einem Mangel an essenziellen Fettsäuren wie Omega-3-Fettsäuren (DHA/EPA). Nicht jeder mag zum Beispiel Fisch, der diese Fette liefert. Auch Veganer und Vegetarier essen keine Meerestiere. Außerdem sind Bedenken wegen möglicher Schwermetallbelastungen durchaus berechtigt. Für die Versorgung mit gesunden Fettsäuren werden daher häufig Fischölkapseln empfohlen. Diese sind aber umstritten, zu hoch dosiert können sie unerwünschte Nebenwirkungen haben. Als bessere Alternative ist der regelmäßige Einsatz von Ölen aus Meeresalgen (pur oder z. B. mit Leinöl gemischt) zu empfehlen. Auch bei entzündlichen Erkrankungen wie Rheuma kann dies sinnvoll sein.

### Zusätze für Ältere oder Veganer

Zu einem Multivitaminmangel kann es bei Älteren kommen, die wenig draußen sind und nur noch schlecht essen können. Auch bei längeren Erkrankungen und nach Operationen (vor allem nach Magen- und Darm-OPs) besteht das Risiko, zu wenig Vitamine aufzunehmen. Dann können Nahrungsergänzungsmittel sehr hilfreich sein. Ernährt sich jemand vegan, kommt es leicht zu einem Mangel an Vitamin $B_2$ und $B_{12}$ sowie zu einem Jod-, Eisen-, Kalzium- oder Zinkmangel. Ein Vitamin-D-Mangel betrifft in unseren Breitengraden oft auch gesunde

Menschen. Jeder kann seinen Vitamin-D-Spiegel bestimmen lassen und, wenn die Sonneneinstrahlung nicht ausreicht, mit Nahrungsergänzung auf einem gesunden Niveau halten (siehe Seite 18).

### Vitamin-$B_{12}$-Spiegel kontrollieren

Fehlt Vitamin $B_{12}$, das an der Blutbildung, am Zellwachstum und an zahlreichen Nervenfunktionen beteiligt ist, reagieren einige Menschen mit starken Kopfschmerzen. Bei chronischen Darmentzündungen ist die Aufnahme von Vitamin $B_{12}$ blockiert. Darüber hinaus ist es wichtig, auf mögliche Wechselwirkungen mit Medikamenten zu achten, wenn der Arzt einen Vitamin-$B_{12}$-Mangel feststellt. So verändern beispielsweise Magensäurehemmer oder Blutverdünner den pH-Wert im Magen und behindern deshalb die Aufnahme von Mikronährstoffen. Für Patienten mit einer Gastritis A ist es ebenso wie für Diabetiker, die das Medikament Metformin nehmen, ratsam, den Vitamin-$B_{12}$-Spiegel regelmäßig messen zu lassen.

### Gezielt gegen Nährstoffmangel

Es gibt auch andere Gründe für eine ärztlich kontrollierte Einnahme von Nahrungsergänzungsmitteln: zum Beispiel einseitige Diäten, hoher Alkohol- und Tabakkonsum oder eine altersabhängige Makuladegeneration (AMD). Ein Sonderfall, was Nahrungsergänzung betrifft, sind Schwangere und Frauen, die Mutter werden wollen. Um Fehlbildungen bei ungeborenen Babys zu vermeiden, sollten sie zusätzlich Folsäure einnehmen, die bei allen anderen Menschen in zu hoher Dosis ungeeignet ist. Vor allem für Patienten mit Darmkrebsvorstufen kann Folsäure gefährlich werden. Schwangere, die keinen Fisch essen, sollten ihr Fettsäuremuster beim Arzt messen lassen und ihre Ernährung gegebenenfalls mit Omega-3-Fettsäuren (DHA) ergänzen. Zusätzlich ist Jod als Supplement empfehlenswert, da der Jodbedarf in der Schwangerschaft steigt.

**Das sollten Sie beachten**

Supplemente enthalten – anders als herkömmliche Lebensmittel – Vitamine und Mineralstoffe in konzentrierter Form, sodass es zu Überdosierungen kommen kann. Wenn Ihr Arzt Ihnen zur Einnahme rät, gelten folgende Regeln:

- Halten Sie sich an die Einnahmeempfehlungen auf den Verpackungen.
- Überschreiten Sie auf keinen Fall die Tagesempfehlung.
- Achten Sie auf Reinsubstanzen ohne Zusatzstoffe wie Titanoxid.

### Kein Ersatz für gesundes Essen

Trotz all dieser Empfehlungen gilt: Nahrungsergänzungsmittel ersetzen keine gesunde Nahrung, nach dem Motto „Erst esse ich Fast Food und dann gleiche ich das mit einem Vitamincocktail aus der Apotheke wieder aus". Nehmen Sie keine Supplemente auf eigene Faust und greifen Sie nicht aus Bequemlichkeit zu. Auch die Devise „Je mehr, desto besser" ist fehl am Platz. Viele Verbraucher kaufen nach dem Prinzip „Zumindest schadet es ja nicht". Das ist aber nicht richtig. Denn falsch dosiert, können einige Ergänzungsprodukte empfindliche natürliche Kreisläufe im Körper durcheinanderbringen und mehr schaden als nützen. Außerdem besteht die Gefahr von Wechselwirkungen mit anderen Medikamenten. Nehmen Sie jede Form von Nahrungsergänzung deshalb nur nach Rücksprache mit Ihrem Arzt ein. Wer unsicher ist, ob er genug Vitamine aufnimmt, kann seinen Vitaminspiegel auch analysieren lassen.

# VITAMIN C: WUNDERWAFFE GEGEN INFEKTIONEN?

**Die heiße Zitrone ist ein altbekanntes Hausmittel gegen Erkältungen und Grippe. Denn Vitamin C unterstützt das Immunsystem in der Bekämpfung von Viren und Bakterien. Auch Paprika, Rosenkohl und Orangen sind Top-Vitamin-C-Lieferanten.**

Vitamin C spielt eine entscheidende Rolle für das Immunsystem. Der Mikronährstoff reichert sich in den T-Lymphozyten an und unterstützt sie in der Abwehrarbeit. Vitamin C, auch Ascorbat oder Ascorbinsäure genannt, ist außerdem ein wichtiges Antioxidans, das Sauerstoffradikale neutralisiert, die Zellen und Gewebe angreifen. Das Vitamin verbessert im Verdauungstrakt die Verwertbarkeit von Eisen aus pflanzlichen Lebensmitteln. Wichtig ist hier auch seine Schutzfunktion vor der Entstehung von krebsauslösenden Nitrosaminen (etwa aus Pökelsalz). Anders als die meisten Pflanzen und Tiere können Menschen Vitamin C nicht selbst herstellen, sondern müssen es mit der Nahrung zuführen. Bleibt der Nachschub aus, entsteht im Extremfall die grausame Krankheit Skorbut, die in alten Zeiten die Geißel der Seefahrt war.

### Gute Vitamin-C-Quellen: Obst und Gemüse

Gesunde können eine ausreichende Versorgung leicht mit einer ausgewogenen Ernährung sicherstellen. Die Deutsche Gesellschaft für Ernährung (DGE) empfiehlt gesunden Frauen und Männern die Aufnahme von 95 bzw. 110 Milligramm pro Tag. Diese Menge wird bereits mit 200 Gramm Orange erreicht. Auch anderes Obst und Gemüse enthalten reichlich Vitamin C: Rosenkohl und Brokkoli bringen es auf 110, rote Paprika auf 140 Milligramm pro 100 Gramm. Außerdem steckt in vielen verarbeiteten Lebensmitteln Ascorbinsäure als Zusatzstoff, da sie die Haltbarkeit erhöht. In seiner natürlichen Form ist Vitamin C jedoch immer zu bevorzugen, da Obst und Gemüse neben Vitamin C noch weitere gesunde Stoffe enthalten. Vitamin C entfaltet seinen antioxidativen Effekt meist nicht isoliert, sondern im Team mit anderen Antioxidantien. Um Krankheiten vorzubeugen, sollte der Vitamin-C-Blutplasmaspiegel über 0,9 mg/dl liegen. Gerade bei chronisch Kranken wurden Mangelzustände nachgewiesen. Und auch bei Gesunden scheint eine Unterversorgung nicht selten zu sein: Ein Drittel der Frauen über 40 erreicht nicht die empfohlenen Werte.

### Sportler und Kranke brauchen mehr

In vielen Situationen steigt der Bedarf an Vitamin C: durch Stress, Sport, Verletzungen, Entzündungen, zu viel Alkohol oder auch durch bestimmte Medikamente wie Antibiotika und die Pille. Eine zusätzliche Einnahme von Vitamin C kann deshalb bei Belastung manchmal sinnvoll sein, wie eine australische Übersichtsarbeit nahelegt: Marathonläufer, Skifahrer und Soldaten, die extremer Kälte ausgesetzt waren, bekamen im Vergleich zur Kontrollgruppe nur halb so oft Erkältungen, wenn sie Vitamin C einnahmen. Raucher haben nachweislich eine geringere Vitamin-C-Konzentration im Blut und sollten daher 135 Milligramm (Frauen) bzw. 155 Milligramm (Männer) täglich zuführen. Vor allem Infektionen verbrauchen viel Vitamin C. Schon wenige Stunden nach Beginn eines Infekts halbiert sich die Konzentration in den Abwehrzellen. Wenn die Reserven schwinden, kommt es zu oxidativem Stress, die Immunabwehr lässt nach und der Körper wird anfälliger für weitere Infektionen. Das erklärt, warum man mit Vitamin C den Verlauf einer Erkältung oder Infektion abkürzen und abschwächen kann.

### Nicht zu viel auf einmal

Während einer Grippe kann man also durchaus erwägen, das Immunsystem vorübergehend mit einer Dosis zusätzlichem Vitamin C zu unterstützen. Falls der Bedarf durch Lebensmittel nicht gedeckt werden kann, ist Ascorbinsäure preiswert und recht ungefährlich: Schädliche Nebenwirkungen sind bei der Einnahme von bis zu etwa einem Gramm am Tag nicht zu erwarten. Ab drei bis vier Gramm können zeitweilig Magen-Darm-Beschwerden wie Durchfall auftreten. Vitamin C steigert auch die Eisenaufnahme im Körper, was in Fällen von Eisenmangel erwünscht, aber manchmal eben auch von Nachteil ist. Hoch dosierte Präparate sind wenig sinnvoll: Über den Darm kann der Körper in zwei Stunden nur etwa 200 Milligramm des Vitamins aufnehmen, der Rest wird über den Urin wieder ausgeschieden. Deshalb sollte Vitamin C nicht in einer großen, sondern in mehreren kleinen Portionen über den Tag verteilt werden.

### Hoch dosiert als Infusion

Um den Körper während einer schweren Infektion zügig mit Vitamin C zu versorgen, werden in Kliniken Hochdosis-Infusionen eingesetzt. Auf diese Weise gelangt das Vitamin C sofort ins Blut. Nach ersten Pilotstudien beugen solche Infusionen der gefürchteten Sepsis (Blutvergiftung) nach Operationen vor. Durch die kombinierte Behandlung mit hoch dosiertem Vitamin C, Cortisol und Thiamin (das sogenannte Marik-Protokoll), berichteten amerikanische

Mediziner, sei es gelungen, die Sterblichkeit von Sepsis-Patienten drastisch zu senken. Ob das Ergebnis der kleinen Beobachtungsstudie Bestand hat, scheint jedoch fraglich. Eine Metaanalyse kommt zu dem Schluss, Vitamin C sei geeignet, die Behandlungsdauer und die Beatmungszeit auf Intensivstationen zu verkürzen.

### Vitamin C gegen Corona

So verwundert es nicht, dass Ärzte in China auch während des Covid-19-Ausbruchs mit Vitamin C experimentierten. Die Erfahrungen sind offenbar vielversprechend. Hoch dosiertes Vitamin C wird inzwischen auch von offizieller Seite für die Covid-19-Behandlung empfohlen: Es könne die Entzündung dämpfen und akutes Lungenversagen verhindern. Auch die orale Einnahme scheint sinnvoll zu sein. Nach den positiven Erfahrungen in China griffen auch amerikanische Ärzte das Therapiekonzept auf: An einem New Yorker Krankenhaus wurden routinemäßig 15 000 Milligramm Vitamin C intravenös an Covid-19-Patienten bei Aufnahme auf die Intensivstation verabreicht.

# BOOSTER FÜR DIE BODYGUARDS: KOCHEN IN KRISENZEITEN

Während einer Infektion sollte man so wenig wie möglich unter Menschen gehen und sich am besten selbst versorgen. Dafür sind oftmals neue Essrituale nötig. Lesen Sie hier, wie das gelingen kann, wenn man während einer Krankheit, in Quarantäne oder zur Vorbeugung länger zu Hause is(s)t.

Plötzlich krank zu Hause oder noch gesund, aber sicherheitshalber im Homeoffice: Für die meisten Menschen ist das eine große Umstellung. Neue Zeiten sind angebrochen. Es ist nicht mehr selbstverständlich, mittags in die Kantine oder ins Restaurant zu gehen oder sich am nächsten Imbiss schnell etwas zu besorgen. Ist Zuhausebleiben angesagt, bedeutet dies in der Regel auch, zu Hause zu kochen oder sich selbst etwas zuzubereiten. Längere Zeiten in den eigenen vier Wänden dürfen nicht dazu führen, dass nur noch Nudeln mit Tomatensauce auf den Teller kommen oder Fertigessen aufgewärmt wird. Denn gerade bei einer Krankheit oder wenn Viren im Umlauf sind, braucht der Körper Vitalstoffe, die das Immunsystem stärken. Das führt zu sehr unterschiedlichen Problemen bei der Ernährung.

### Zu Hause fehlt die Essensroutine

In der Corona-Krise waren in vielen Familien plötzlich alle Mitglieder gleichzeitig zu Hause. Kinder mussten versorgt werden, während die Eltern versuchten, im Homeoffice ihr Arbeitspensum zu erledigen. Ältere Menschen und Risikopatienten wollten ihre Wohnungen so selten wie möglich verlassen und lebten überwiegend von Konserven. Alleinstehende gerieten in die Isolation und liefen Gefahr, immer das Gleiche zu essen („Kochen lohnt ja doch nicht nur für mich"). Vielen Berufstätigen fehlte zu Hause eine Essensroutine, die im Büro selbstverständlich ist. Bei Langeweile oder um die Arbeit vor sich herzuschieben, schlichen einige viel zu oft zum Kühlschrank und genehmigten sich Snacks gegen den Frust („Sieht ja keiner"). Krisen sind schließlich gern genommene Ausreden für tröstende Süßigkeiten und Co.

### Im Ausnahmefall im Rhythmus bleiben

Um nicht in die typischen Fallen zu tappen, ist es wichtig, auch im Ausnahmefall bei der Ernährung im Rhythmus zu bleiben. Essen Sie zu festen Zeiten und nicht ständig zwischendurch. Planen Sie den Aufwand fürs Einkaufen und Kochen ein. Überlegen Sie, was an welchem Tag auf den Tisch soll, wie lange es zu Hause hält und wie es am besten gelagert wird. Solange Supermärkte geöffnet haben und gut erreichbar sind, brauchen Sie keinen Notfallvorrat für den Katastrophenfall. Aber es empfiehlt sich, einen Großeinkauf pro Woche zu machen, um unnötige Kontakte zu vermeiden. Das Wichtigste ist frisches Gemüse und Obst in seiner ganzen Vielfalt. Das können Sie für ein paar Tage im Voraus besorgen und gegebenenfalls auch einfrieren oder gleich tiefgekühlt kaufen. Dazu kommen ein paar Basics wie Kartoffeln, Haferflocken, gesundes Speiseöl, Zwiebeln und Hülsenfrüchte. Praktisch ist es, manche Lieblingsgerichte (neue finden Sie bestimmt in unserem Rezeptteil) gleich in größeren Mengen zuzubereiten und dann portionsweise einzufrieren.

### Gewohntes mit Superfoods aufpeppen

Nutzen Sie möglichst oft die in diesem Buch aufgeführten Lebensmittel, die sich als Superfoods fürs Immunsystem bewährt haben (ab Seite 28). Sie können damit nach Rezept kochen, Ihre eigenen Kreationen schaffen oder auch Altbekanntes neu kombinieren und gesund aufpeppen. Wie wäre es zum Beispiel, wenn Sie …

… frischen Ingwer schälen, fein hacken und Ihr Lieblingsgericht damit verfeinern?

… Ihre Tiefkühlpizza beim nächsten Mal mit frischen Tomatenwürfeln, Paprikastreifen oder Brokkoliröschen aufwerten?

… zum Abwarten und Teetrinken grünen oder Matchatee wählen?

… die Tiefkühltruhe mit TK-Brokkoli, -Grünkohl, -Kräutern oder fertig geschnittenem Knoblauch füllen, um beim Zubereiten Zeit zu sparen und nicht lange putzen und schnippeln zu müssen?

… Ihre Nudeln (oder andere Grundprodukte) mit Olivenöl, Zwiebeln und Knoblauch servieren statt mit einer fertigen Tomatensauce?

… Linsennudeln wählen, um den pflanzlichen Anteil auf Ihrem Teller zu erhöhen?

… eine Handvoll Nüsse, Kerne oder Trockenobst statt Kekse und Kuchen snacken?

… einen großen Topf Gemüseeintopf oder -suppe kochen und portionsweise einfrieren? Dafür schneiden Sie verschiedene Gemüse klein, gießen Brühe auf, kochen alles kurz durch und verfeinern die Suppe mit Kräutern.

… Ihr übliches Frühstücksbrot mit Marmelade durch Müsli, Porridge, Overnight Oats oder ein Omelett mit Gemüse zu ersetzen?

… eine Goldene Milch genießen? Dafür wird Milch oder ungesüßter Pflanzendrink (beispielsweise Hafer- oder Reisdrink) erwärmt und mit Kurkuma, Honig, Zimt, Ingwer, Pfeffer und Kardamom verfeinert (siehe Seite 142).

**CHECKLISTE: Füttern Sie Ihr Immunsystem ausreichend?**

Hier können Sie überprüfen, ob Sie die wichtigsten Regeln einhalten:

- ✓ Ernähren Sie sich überwiegend pflanzlich mit viel frischem Gemüse und Obst. Meiden Sie Fast Food und Fertiggerichte. Essen Sie höchstens einmal in der Woche Fleisch.
- ✓ Trinken Sie ausreichend! Ideal sind 30 ml kalorienfreie Flüssigkeit (Wasser, ungesüßter Kräutertee) pro Kilogramm Körpergewicht am Tag.
- ✓ Stärken Sie sich mit gesundem Fett und genug Eiweiß (siehe Seite 17).
- ✓ Bleiben Sie im Rhythmus. Nehmen Sie zwei bis drei Mahlzeiten zu festen Zeiten und keine Snacks zwischendurch zu sich. Ausnahmen gelten für Kinder, die vier- oder fünfmal täglich gesunde Nahrung brauchen.
- ✓ Für genug Ballaststoffe wählen Sie bei Brot, Nudeln und Reis die Vollkornvariante.
- ✓ Meiden Sie zu viel Salz und würzen Sie mit abwehrstärkenden Kräutern (siehe Seite 42).
- ✓ Achten Sie auf Prä- und Probiotika in Form von bestimmtem Gemüse, Joghurt oder Sauerkraut (siehe Seite 11).

# SUPERHELDEN GEGEN VIREN UND BAKTERIEN

Sulforaphane, Carotinoide, Polyphenole – die besten Helferlein für eine fitte Immunabwehr haben komplizierte Namen. Die müssen Sie sich nicht merken. Viel wichtiger ist es zu wissen, in welchen Lebensmitteln sie stecken.

## BROKKOLI

Der Kohl, der aussieht wie ein Bäumchen, enthält Bitterstoffe, die die Abwehr über den Darm stärken. Wertvoll ist Brokkoli auch als Vitamin-C-Lieferant: Bereits mit 100 g Brokkoli deckt man den täglichen Bedarf. Seine größte Stärke ist seine krebsvorbeugende Wirkung, die er dem Inhaltsstoff Sulforaphan verdankt. Ähnliche Benefits für die Gesundheit haben Grünkohl, Blumenkohl, Weißkohl und Pak Choi.

## RUCOLA

Die zackigen dunkelgrünen Blätter mit dem herben Geschmack liefern neben Bitterstoffen auch Vitamin A, B-Vitamine, Vitamin C und Vitamin E für die Abwehrkräfte. Da Rucola in den Stängeln Nitrate speichert, sollten Sie diese vorher entfernen. Auch andere bittere Salate wie Chicorée, Endivie, Radicchio oder Löwenzahn sind Top-Lieferanten für Bitterstoffe.

## BLAUBEEREN

Ihre Farbe macht sie zur Superfrucht: Die blauen Beeren sind Vitaminbomben und stärken das Immunsystem mit dunklen Pflanzenfarbstoffen (Anthocyanen). Ebenso schlagkräftig gegen Angriffe sind Brombeeren, Himbeeren, Erdbeeren, Johannisbeeren, Preiselbeeren, Kirschen, Pflaumen und dunkle Gemüse wie Auberginen oder Rotkohl.

## KIWI

Die pelzigen Früchte gelten – ebenso wie Grapefruits, Clementinen, Mandarinen, Orangen, Zitronen, Limetten und Paprikaschoten – als wahre Vitaminbomben: Sie sind vor allem eine sehr gute Quelle für Vitamin C. Neben vielen anderen gesunden Inhaltsstoffen enthalten sie die sekundären Pflanzenstoffe Lutein und Zeaxanthin, die die Augen schützen. Weil sie zudem reich an Antioxidantien sind, werden Kiwis auch als Anti-Aging-Helfer geschätzt.

## MÖHREN

Ihrem hohen Carotingehalt verdanken Möhren ihre Farbe. Carotin ist eine Vorstufe von Vitamin A, das das Zellwachstum fördert und das Immunsystem stärkt. Vor allem im Winter sind orangefarbene Gemüse wie Möhren, Kürbis und Süßkartoffeln zuverlässige Beta-Carotin-Lieferanten. Carotin steckt auch in Aprikosen, Mango und Cantaloup-Melone. Tipp: Viele Kinder, die sonst Gemüsemuffel sind, lassen sich mit Möhrensticks überzeugen.

## TOMATEN

Mineralien, Vitamine, sekundäre Pflanzenstoffe: Tomaten enthalten alles, was das Immunsystem braucht. Das hierzulande beliebteste Gemüse steckt voller Vitamin C, Lycopin, Beta-Carotin und Flavonoiden. Besonders der rote Farbstoff Lycopin gilt als extrem potenter Fänger von freien Radikalen. Sein Gehalt ist höher, wenn die Tomaten reif oder gegart sind. In konzentrierter Form kommt Lycopin daher auch in Dosentomaten, Tomatenmark, Tomatensaft und -püree vor.

## HERING

Omega-3-Fettsäuren, wie sie in Hering, Makrele, Lachs, Thunfisch, Sardinen und Heilbutt enthalten sind, haben eine regulierende Wirkung auf das Immunsystem. Wissenschaftler fanden heraus, dass Omega 3 ein Baustein von Substanzen im Körper ist, der Entzündungen abklingen lässt. Fetter Seefisch hat aber noch mehr zu bieten: Eiweiß, B-Vitamine, Vitamin D, Jod und Selen.

## ZWIEBELN

Zwiebelgewächse sind nicht nur gute Verdauungshilfen. Sie unterstützen die körpereigene Abwehr mit Sulfiden, mit denen auch Lauch, Knoblauch und Schalotten punkten. Damit die Sulfide sich nicht verflüchtigen, sollten Sie Zwiebeln erst kurz vor der Verwendung zerkleinern. Die Knollen enthalten zudem den sekundären Pflanzenstoff Quercetin, der die Bildung von Mitochondrien fördert und Entzündungen reduziert. Rote Zwiebeln enthalten zusätzlich antioxidativ wirkende Anthocyane.

## LINSEN

Mit ihren Ballaststoffen halten die kleinen Kraftpakete die Darmflora gesund. Sie sind reich an Saponinen, die zur Gruppe der sekundären Pflanzenstoffe gehören. Das gilt auch für andere Hülsenfrüchte wie weiße Bohnen, Kidneybohnen, Kichererbsen und Sojabohnen. Der Körper wandelt das Provitamin A aus Linsen in Vitamin A um, das wichtig fürs Immunsystem ist. Vitamin E hat eine zellschützende Wirkung. Um Blähungen zu vermeiden, können Sie Linsen nach dem Kochen oder Einweichen abwaschen.

## JOGHURT

Auch Joghurt eignet sich, um Husten, Schnupfen und Infektionen vorzubeugen. Gesunde lebende Bakterien aus Joghurt und anderen Sauermilchprodukten wie Buttermilch, Dickmilch, Kefir und auch Sauerkraut halten das Mikrobiom gesund und stärken die Immunabwehr. Wer mit Antibiotika behandelt wurde, kann mit probiotischem Joghurt einer Infektion mit dem gefährlichen Bakterium Clostridium difficile vorbeugen.

## VOLLKORNPRODUKTE

Vollkornkost fördert den Anteil gesunder Bakterien im Darm und kann Immunzellen positiv beeinflussen. Spricht man von Vollkorn, geht es immer um das volle Korn verschiedener Getreidesorten - also mit Schale und Keimling. Genau das macht Vollkornmehl, Vollkornnudeln, Haferflocken, Naturreis oder Hirse zu Superhelden fürs Immunsystem. Denn Schale und Keimling liefern wertvolle B-Vitamine, viele Ballaststoffe und immunstärkende Spurenelemente wie Zink, Eisen und Selen.

## LEINSAMEN

Ob geschrotet oder im Ganzen: Leinsamen liefern Power fürs Immunsystem. Das liegt vor allem an ihrer einzigartigen Fettsäurenkombination, die Alpha-Linolensäure (ALA) enthält, eine Vorstufe der gesunden Omega-3-Fettsäuren. Auch Walnüsse sowie Hanfsamen und daraus hergestellte Öle liefern hochwertiges Fett. Olivenöl punktet mit gesunden Polyphenolen. Tipp: Smoothies lassen sich mit Leinsamen verdicken und werden dadurch zu gesunden Sattmachern.

# STRATEGIEN ZUR SELBSTHEILUNG

Nicht nur die Ernährung stärkt die körpereigene Firewall. Auch unser seelisches Befinden, die Beziehungen zu anderen und zur Natur, der Umgang mit Stress, ausreichend Bewegung und die Schlafqualität haben einen großen Einfluss auf die Abwehrkräfte. Es gibt viele Wege, sie zu unterstützen.

Manche Menschen scheinen sich jedes Virus einzufangen, das gerade vorbeifliegt. Andere wiederum überstehen einen ganzen Winter ohne einen einzigen Schnupfen. Wie häufig, wie schwer und wie lange es einen erwischt, hängt nicht nur von der Ansteckungskraft der zirkulierenden Krankheitserreger ab, sondern auch von den eigenen Abwehrkräften (siehe Seite 6). Das hat sich auch in der Corona-Pandemie gezeigt: Während viele, vor allem ältere und durch Vorerkrankungen geschwächte Menschen mit hohem Fieber und lebensbedrohlicher Lungenentzündung kämpften, überstanden andere die Infektion fast ohne Symptome. Was beeinflusst das Immunsystem im Einzelnen?

Gut für die Abwehr: Entspannungspausen im Alltag.

### Chronischer Stress als Risiko

Die Stressreaktion ist ein evolutionär uralter Mechanismus, der den Körper in die Lage versetzt, bei Gefahr kurzzeitig alle Reserven zu mobilisieren und das Überleben zu sichern. Die Stresshormone, die angesichts einer Bedrohung ausgeschüttet werden, versetzen auch das Immunsystem in Alarmbereitschaft. Aus biologischer Sicht ist das sinnvoll: Im Falle einer Verletzung sind die Immunzellen darauf vorbereitet, eindringende Krankheitserreger schnell zu vernichten. Mit zeitlicher Verzögerung wird das Hormon Cortisol freigesetzt, welches das alarmierte Immunsystem wieder herunterreguliert.

Wird der Stress allerdings chronisch, gerät das fein abgestimmte System aus dem Gleichgewicht. Der Körper wird andauernd mit Cortisol geflutet, das Immunsystem entsprechend gedämpft. Mit der Zeit reagiert der Körper jedoch nicht mehr richtig auf das Hormon. Chronische Entzündungen sind die Folge. Zugleich wird der Körper anfälliger für Virusinfekte. Ein Leben voller Sorgen, negativem Stress und Ängste beeinträchtigt deshalb auch das Immunsystem. Umgekehrt können Sie Krankheitskeimen besser trotzen, wenn Sie Möglichkeiten finden, den Stress im Alltag zu verringern – indem Sie viel Zeit in der Natur verbringen, jede Nacht genügend schlafen, meditieren oder Entspannungstechniken wie autogenes Training oder die Muskelrelaxation nach Jacobson praktizieren.

### Zuversicht und Nähe zu anderen

Aus der Psychoimmunologie, die das Zusammenspiel von Immunsystem und Psyche erforscht, wissen wir: Zwischenmenschliche Nähe zählt zu den stärksten heilsamen „Drogen". Nähe zu anderen, Berührungen und Zuneigung stärken das Immunsystem. In einem Experiment wurden Studenten mit Schnupfenviren infiziert: Diejenigen von ihnen, die zuvor viel Zuneigung erfahren hatten, schienen gegen die Erreger gefeit. Sie erkrankten seltener und wenn doch, verlief die Erkältung harmloser und ging schneller vorbei. Kontaktsperren und Isolationsmaßnahmen mögen während einer gefährlichen Epidemie nötig sein, um Ansteckung zu verhindern – auf Dauer aber braucht der Mensch Nähe zu anderen. Einsamkeit lässt das Immunsystem erlahmen.

### Fröhlichkeit ist heilsam

Auch in anderer Hinsicht ist die psychische Verfassung wichtig: In etlichen Studien wurde gezeigt, dass Humor, Lachen, Fröhlichkeit und Optimismus die Heilung fördern. So war eine mittels Fragebogen gemessene optimistische Einstellung mit einer schnelleren Wundheilung verknüpft. Einfache Übungen wie ein Dankbarkeitstagebuch (siehe Kasten) können die Stimmung heben und mit der Zeit zu einer positiveren Einstellung verhelfen – und dadurch die neurobiologischen Prozesse des Immunsystems unterstützen. Negative Denkmuster lassen sich auch mithilfe einer Psychotherapie durchbrechen.

#### Rezept für gute Stimmung

Mit einem Dankbarkeitstagebuch können Sie lernen, die Aufmerksamkeit öfter auf die guten Dinge in Ihrem Leben zu richten. Mit der Zeit wird eine Gewohnheit daraus. Dadurch lässt sich das Wohlbefinden nachweislich steigern. Und das tut Ihrem Immunsystem gut. So geht's: Schreiben Sie einmal am Tag zehn Dinge auf, für die Sie dankbar sind. Ihnen fällt nichts ein? Vielleicht helfen Ihnen die folgenden Überlegungen auf die Sprünge: Was macht Sie glücklich? Was mögen Sie an sich? Worauf sind Sie stolz? Worüber haben Sie sich gefreut? Es muss nichts Bedeutendes sein, im Gegenteil. Die Meise auf dem Balkon, das leckere Rührei, das Sie sich gemacht haben, dass der Regen aufgehört oder die Verkehrsampel im passenden Moment auf Grün geschaltet hat – auch Kleinigkeiten zählen.

### Rauchfrei für eine gute Abwehr

Tabakrauch enthält Kohlenmonoxid, ein giftiges Gas, das die Sauerstoffaufnahme behindert, und Tausende weiterer schädlicher Substanzen. Neben anderen üblen Folgen für die Gesundheit schwächen Zigaretten und Co. auch das Immunsystem: Raucher werden häufiger krank als Nichtraucher. In ihrem Blut finden sich weniger Immunglobuline, also Eiweiße mit der Aufgabe, Krankheitserreger aufzuspüren. Die Anfälligkeit für Erkältungen und Bronchitis steigt. Wenn Raucher krank werden, verlaufen die Infekte durchschnittlich schwerer und dauern länger als bei Nichtrauchern. Bei Virusinfektionen kommt es öfter zu einer gefährlichen Überreaktion. Raucher erleiden auch häufiger Lungenentzündungen und Blutvergiftungen, die Wundheilung ist herabgesetzt. Man kann es auch umgekehrt formulieren: Wer es schafft, auf Zigaretten zu verzichten, gibt den Selbstheilungskräften des Körpers eine deutlich größere Chance. Beratungsstellen, Entwöhnungsprogramme in Gruppen oder verschreibungspflichtiger Nikotinersatz helfen dabei. Übrigens kann auch Alkohol die Leistung der Immunzellen herabsetzen: Nach einem Rausch ist das Ansteckungsrisiko erhöht, bei chronischem Alkoholkonsum ohnehin.

## Hygiene ist wichtig – mal mehr, mal weniger

Regelmäßiges Händewaschen ist eine der wichtigsten Maßnahmen, um während einer Epidemie das Ansteckungsrisiko zu senken. Gerade dem Coronavirus kann man mit Wasser und Seife gut den Garaus machen. In manchen Situationen ist es sinnvoll, die Hände und Gegenstände, die man häufig berührt, zu desinfizieren. Dazu gehören Türklinken, Lichtschalter, Fernbedienungen, Smartphones, Tastaturen.
Auch sollte man sich während einer Epidemie nicht die Hand geben und sich nicht ins Gesicht fassen. Wenn die Ausnahmesituation jedoch wieder vorbei ist, muss man es mit der Hygiene nicht übertreiben. Vor den üblichen Keimen in unserer Umgebung brauchen wir normalerweise keine Angst zu haben. Zu häufiges Händewaschen kann die Haut schädigen. Und durch Desinfektionsmaßnahmen werden auch harmlose und nützliche Bakterien geschwächt. Dadurch leidet das Mikrobiom, die zahllosen Mikroorganismen, die den menschlichen Körper besiedeln und gesund halten. Auch das Risiko für Allergien und Autoimmunkrankheiten nimmt zu. Das Immunsystem braucht die Auseinandersetzung mit einer Vielfalt von Mikroben. Deshalb ist der enge Kontakt zu anderen Menschen im Normalfall auch gesund.

## Möglichst zu Hause bleiben

Um während einer Epidemie das Ansteckungsrisiko zu vermindern, ist es allerdings sinnvoll, den Kontakt zu anderen Menschen einzuschränken. Wie sehr, hängt von den Eigenschaften des jeweiligen Erregers ab. Das Coronavirus Sars-CoV-2, das sich seit Dezember 2019 von China aus weltweit ausgebreitet hat, wird mittels Tröpfcheninfektion weitergegeben, also durch Husten, Niesen oder feuchte Aussprache. Experten empfehlen einen Abstand von mindestens anderthalb Metern, um die Ansteckung von Mensch zu Mensch zu verhindern. Mit dem Ausbruch der Seuche erging deshalb der Rat, Menschenansammlungen und generell physischen Kontakt zu meiden

Waldspaziergänge haben eine heilsame Wirkung.

und am besten ganz zu Hause zu bleiben. In vielen Ländern wurden Ausgangssperren verhängt. Diese haben allerdings eine unerwünschte Nebenwirkung: Wenn Menschen nicht nach draußen gehen, haben sie keine Möglichkeit, mithilfe der Sonne ihr Immunsystem zu optimieren (siehe Seite 41).

## Schlafen Sie sich gesund

Schlaf ist oft die beste Medizin, heißt es. Der Körper scheint das zu wissen: Wenn uns ein Infekt erwischt, treiben uns Müdigkeit und Schlafbedürfnis von allein ins Bett. Tatsächlich läuft im Schlaf das Immunsystem auf Hochtouren. Regelmäßig gut zu schlafen, unterstützt die Abwehr; Schlafmangel hingegen beeinträchtigt ihre Funktion. Schlafentzug bewirkt, dass die T-Zellen, die infizierte Zellen aufspüren und vernichten, nicht mehr so gut andocken und deshalb schlechter arbeiten können.
Versuchspersonen, die mit Schnupfenviren infiziert wurden, erkrankten drei- bis viermal häufiger, wenn sie wenig schliefen. Schlaf ist auch wichtig für die Gedächtnisbildung. Im Schlaf werden Informationen aus dem Kurzzeitgedächtnis ins Langzeitgedächtnis überführt – auch Informationen über Krankheitserreger, wie Wissenschaftler von der Universität Tübingen herausfanden. Im Tiefschlaf wird das Wissen der kurzlebigen Immunzellen, die Eindring-

linge erkennen, an langlebige T-Zellen überreicht. Dabei scheinen Hormone eine Rolle zu spielen, die im Tiefschlaf freigesetzt werden. Schlafmangel begünstigt auch eine Vielzahl von anderen Erkrankungen, zudem eine Insulinresistenz und damit das Risiko für Übergewicht, Typ-2-Diabetes und chronische Entzündungen.

### Bewegung hält die Zellen jung

Mit dem Alter lässt das Immunsystem nach. Das zeigt sich in einer erhöhten Anfälligkeit für Infektionen und bösartige Tumoren, aber auch in einer verminderten Ansprechbarkeit auf Impfungen. Regelmäßiger Sport kann den natürlichen Abbau verlangsamen und das Immunsystem biologisch jung halten. So fand man heraus, dass Menschen, die viel Sport treiben, weniger entzündungsfördernde Zytokine im Blut haben. Das sind Botenstoffe, die das Altern von Immunzellen beschleunigen. Auch sonst ist Bewegung eines der wirksamsten Mittel, die Gesundheit zu stärken: Sie hält den Blutzuckerspiegel niedrig und beugt Diabetes, bestimmten Krebsarten, Herz-Kreislauf-Erkrankungen und Depressionen vor. Joggen ist dabei nicht gleich nötig: Wenn Sie es schaffen, sich 150 oder vielleicht sogar 300 Minuten in der Woche intensiver zu bewegen (walken, Rad fahren, schwimmen), können Sie schon deutlich profitieren. Erst recht, wenn Sie dazu in den Wald oder in einen Park gehen. Denn dann kommen zur körperlichen Bewegung auch noch andere Gesundheitsfaktoren wie Tageslicht, Vitamin D und die Heilkraft der Natur hinzu.

### Waldbaden: raus in die Natur

Generell wirkt der Aufenthalt in der Natur heilend und stärkend auf das Immunsystem: Stresshormone werden weniger, erhöhter Blutdruck sinkt, der Blutzuckerspiegel von Typ-2-Diabetikern bessert sich, Ängste nehmen ab und die Stimmung steigt. Schon ein kurzer Waldspaziergang beruhigt den Herzschlag und senkt den Cortisolspiegel im Blut. Ein Grund dafür: Zur Abwehr von Fressfeinden sondern Bäume bestimmte Substanzen ab, sogenannte Terpene, die das Immunsystem des Menschen nachhaltig stärken und Zellen anregen, die Viren bekämpfen. In Japan ist „Waldbaden" eine anerkannte Therapieform. In Krankenhäusern zeigte sich, dass Patienten schneller genesen, wenn sie aus dem Fenster ins Grüne blicken können.

**Tipps für guten Schlaf**

- Gewöhnen Sie sich an, zu festen Zeiten ins Bett zu gehen und aufzustehen.
- Gehen Sie viel nach draußen, da Tageslicht den Tag-Nacht-Rhythmus synchronisiert.
- Wenn Sie empfindlich auf Koffein reaieren, sollten Sie etwa acht Stunden vor Ihrer Schlafenszeit aufhören, Kaffee oder schwarzen Tee zu trinken.
- Essen Sie nicht zu spät. Auch Alkohol sollten Sie – wenn überhaupt – ein bis zwei Stunden vor dem Schlafengehen nicht mehr zu sich nehmen.
- Meiden Sie am Abend helles Licht. Nutzen Sie auch keine elektronischen Geräte mehr, da das Licht wach hält (alternativ Blaulichtfilter verwenden).
- Schalten Sie Smartphone, WLAN und andere Strahlungsquellen rechtzeitig vor dem Zubettgehen aus.

# FASTEN STATT MEDIZIN

**Freiwillig nichts essen? Das alte Heilverfahren Fasten hat viele segensreiche Wirkungen auf die Gesundheit. Vorbeugend kann der bewusste Nahrungsverzicht das Immunsystem stärken. Während einer Grippewelle oder einer Infektion sollte man es aber besser lassen.**

Wenn wir krank werden, haben wir oftmals keinen Hunger – ein natürlicher Impuls, der dem Körper erlaubt, Verdauungsvorgänge einzustellen und alle verfügbare Energie auf die Bekämpfung der Infektion zu richten. Der Darm, in dem sich ein Großteil des Immunsystems befindet, wird entlastet. In der Medizin hat der zeitweilige Verzicht aufs Essen eine lange Tradition. Fasten gehört zu den ältesten Heilverfahren der Menschheitsgeschichte. Es bedeutet, freiwillig vorübergehend nichts zu essen. Kalorienfreie Getränke wie Wasser und Tee sind erlaubt. Auch selbst gekochte Gemüse- oder Knochenbrühe ist empfehlenswert, weil sie den Körper mit Mineralstoffen und Salz versorgt. Die geringen Mengen Eiweiß und Fett, die in Knochenbrühe enthalten sind, beeinträchtigen den Fasteneffekt nicht. Beim Heilfasten nach Otto Buchinger, das hierzulande seit gut hundert Jahren zur Behandlung verschiedener Erkrankungen eingesetzt wird, gibt es in kleinen Mengen auch Säfte und Honig. Erfolge wurden bei chronischen Entzündungen, Magen-Darm-Erkrankungen, Allergien, Neurodermitis, Asthma und Typ-2-Diabetes beobachtet. Bei Autoimmunerkrankungen wie Rheuma oder Multipler Sklerose kann das Heilfasten dazu beitragen, das überaktive Immunsystem zu normalisieren. Diese Fastenform stärkt aber auch die Selbstheilungskräfte des Organismus. Trotz vieler gesundheitlicher Vorteile (siehe Kasten rechts) ist Fasten allerdings nicht für jedermann uneingeschränkt zu empfehlen. Davon abzuraten ist beispielsweise, wenn man an Migräne, Reflux, Gallensteinen oder chronischer Erschöpfung leidet. Es ist in jedem Fall ratsam, mit einem Arzt abzustimmen, ob und nach welcher Methode man fastet.

Liefert Salz und Mineralstoffe: Knochenbrühe.

### Mal schädlich, mal heilend

„Den Schnupfen füttern, das Fieber aushungern“, behauptet der Volksmund. Da scheint etwas dran zu sein: In einem Experiment an der Universität Yale wurden Mäuse entweder mit Bakterien oder mit Viren infiziert und anschließend gut gefüttert. Die Tiere mit Virusinfektion profitierten davon und überwanden die Erkrankung; denen mit bakterieller Infektion aber schien die Nahrung zu schaden. Sie überlebten deutlich häufiger, wenn man sie hungern ließ. Mal wirkte das Futter also schädlich, mal unterstützte es die Heilung. Ein möglicher Grund:

Bakterien brauchen Zucker – fehlt er, vermehren sie sich schlechter oder sterben. Auch könnte der Fastenstoffwechsel vor möglichen Folgen einer bakteriellen Infektion schützen. Anders wenn Viren in eine Zelle eindringen: Dann bildet die Zelle zur Abwehr körpereigene Hormone. Diese sogenannten Interferone können die Zellen auch schädigen – und das verkraften sie besser, wenn ihnen ausreichend Glukose zur Verfügung steht. Schnupfen wird meist durch Viren ausgelöst; fieberhafte Infektionen gehen häufig auf Bakterien zurück.

### Fasten zur Vorbeugung

Auf lange Sicht scheint Fasten die Gesundheit und damit auch das Immunsystem zu stärken. Es ist eine effektive Strategie, um das metabolische Syndrom zu behandeln – und damit Patientengruppen, die bei Covid-19 und anderen Epidemien besonders gefährdet sind. Die entzündungshemmende Wirkung des Fastens könnte aber während einer Grippewelle womöglich nachteilig sein. Das heißt: Wenn die Ansteckungsgefahr gerade besonders hoch ist, ist nicht der beste Zeitpunkt, das Fasten auszuprobieren, da es vorübergehend die Abwehr schwächen könnte. Für gemäßigtes Intervallfasten (16:8- oder 14:10-Rhythmus) sind negative Effekte nicht zu befürchten. Nur länger als 36 Stunden sollte man während einer Epidemie besser nicht fasten.

### Unkompliziertes Kurzzeitfasten

Während eine längere Fastenkur ärztliche Begleitung verlangt und sich oft nur schwer in den Alltag integrieren lässt, fällt Kurzzeitfasten – auch Intervallfasten oder intermittierendes Fasten genannt – vielen Menschen erstaunlich leicht. Anders als eine einmalige Fastenkur ist Kurzzeitfasten auf Dauer angelegt. Es geht einfach nur darum, jeden Tag eine längere Essenspause über Nacht einzuhalten: Zwölf Stunden sind das Minimum. Ist man um 20 Uhr mit dem Abendessen fertig, nimmt man erst wieder am nächsten Morgen um 8 Uhr etwas zu sich. Hat man sich an die zwölf Stunden Verzicht gewöhnt, sollte man die Zeit ausdehnen, auf 14 oder 16 Stunden. Nach einem Abendessen um 19 Uhr gibt es dann das Frühstück um 9 bzw. um 11 Uhr. Sogar längere Pausen sind möglich. Auch für das Intervallfasten sind viele gesundheitliche Vorteile nachgewiesen. Zugleich ist eine medizinische Begleitung normalerweise nicht erforderlich.

### Was passiert beim Fasten?

Fasten bringt eine Reihe von vorteilhaften physiologischen Veränderungen mit sich: Der Körper schaltet auf Fettverbrennung um und baut Körperfett ab. Die Blutzuckerwerte und die Insulinwerte sinken, die Ansprechbarkeit der Zellen auf das Hormon Insulin verbessert sich. Es wird mehr Wachstumshormon ausgeschüttet. Fasten reduziert zudem die Bereitschaft des Körpers, entzündlich zu reagieren. Der Gehalt von C-reaktivem Protein im Blut sinkt, einem Entzündungsmarker, der bei Infektionen und Gewebeschäden ansteigt. Da durch Fasten ziemlich schnell Körperfett abgebaut wird, vor allem das besonders schädliche Bauchfett, verbessert sich gerade für Übergewichtige der allgemeine Gesundheitszustand oftmals erheblich – und damit auch das Immunsystem. Fasten verringert zudem die Schäden durch freie Radikale und fördert die Autophagie, den „Selbstreinigungsprozess der Zellen“. Ähnlich wie Bewegung wirkt auch Fasten wie „Dünger“ auf das Gehirn. Es steigert die Produktion von neurotrophen Faktoren, also Überlebensfaktoren der Nervenzellen, und lässt neue Gehirnzellen sprießen.

# GRIPPE UND CO.: FRAGEN UND ANTWORTEN

Soll ich mich impfen lassen? Wie wirkt Hühnersuppe gegen Erkältung? Warum ist regelmäßiges Lüften so wichtig? Und und was haben Alkohol und warme Socken mit der Immunabwehr zu tun? Hier gibt es Antworten auf wichtige Fragen.

### Impfungen gegen Pneumokokken?

Bakterien namens Pneumokokken können verschiedene Krankheiten auslösen, von einer leichten Mittelohrentzündung bis zu lebensgefährlichen Lungenentzündungen. Die Bakterien werden durch Husten oder Niesen übertragen. Das Robert-Koch-Institut empfiehlt die Impfung allen über 60-Jährigen, Risikopatienten mit chronischen Krankheiten oder geschwächtem Immunsystem und kleinen Kindern zwischen zwei Monaten und zwei Jahren.

### Warum sollte man in Grippezeiten regelmäßig lüften?

In beheizten Räumen ist die Luftfeuchtigkeit niedrig und die Schleimhäute trocknen aus. Das macht sie empfindlicher gegenüber Viren, die sich ohne Luftaustausch drinnen recht lange halten können. Lassen Sie daher drei- bis viermal am Tag frische Luft herein, am besten mit Stoßlüften: also die Fenster vollständig für ein paar Minuten so öffnen, dass es zu Durchzug kommt. Zusätzlich kann hohe Luftfeuchtigkeit (ideal sind 40 bis 60 Prozent) Grippeviren neutralisieren. Bei zu trockener Raumluft erhöhen Lufbefeuchter den Feuchtigkeitsgehalt.

### Weshalb schützen warme Socken vor Infekten?

Sind die Füße warm, wirkt das wohltuend auf den gesamten Organismus. Kühlen sie aus, werden wir schneller krank, denn der Körper leitet Maßnahmen ein, um gegenzusteuern. Dafür verengt er die Blutgefäße in der Haut und in den Schleimhäuten, die schlechter durchblutet werden. Die Folge: Die Immunabwehr im Nasen-Rachen-Raum kann sich nicht mehr so gut gegen Viren und Bakterien wehren. Also: im Winter warme Socken und auch Kleidung tragen, in der Sie nicht frieren.

## Was ist dran am Mythos Hühnersuppe?

Die klassische heiße Hühnersuppe soll dabei helfen, Bakterien niederzukämpfen. Was hat es damit auf sich? Tatsächlich enthält das alte Hausmittel einige Supporter fürs Immunsystem. Dazu gehört der Eiweißstoff Cystein, der die Zellen stärkt, Entzündungen entgegenwirkt und Viren abwehrt. US-Wissenschaftler fanden heraus, dass weiße Blutkörperchen weniger beweglich werden, das Ausdehnen von Entzündungsreaktionen verhindern und sich Erkältungssymptome lindern. Allerdings ist unklar, welche Bestandteile der Suppe genau dafür verantwortlich sind. Wahrscheinlich macht es die Kombination aus Gemüse und Hühnerfleisch.

### Wie wirkt Alkohol aufs Immunsystem?

Alkohol behindert die Arbeit bestimmter Immunzellen (Monozyten), indem er ihre abwehrenden Eigenschaften hemmt. Besonders Viren, aber auch Bakterien haben unter Alkoholeinfluss leichteres Spiel. Zusätzlich wird die Produktion von sogenannten Zytokinen gedrosselt. Das sind Proteine, die das Zellwachstum regulieren und bei Attacken das Kommando zu Angriffen geben. Die Wirkung von Alkohol schwächt die Widerstandskräfte nach dem Genuss noch mindestens 24 Stunden lang. Bereits ein Rausch erhöht das Ansteckungsrisiko. Wer nicht krank werden will oder bereits krank ist, sollte auf Bier, Wein und Co. verzichten.

### Was ist das Hormesis-Prinzip?

Was uns nicht umbringt, macht uns härter. So könnte man das Hormesis-Prinzip beschreiben, das seit uralten Zeiten bekannt ist: Richtig dosiert, wirken negative Reize nicht schädlich, sondern stärken den Organismus, sodass die Widerstandskraft wächst, weil dabei Reparatur- und Abwehrmechanismen stimuliert werden. „Hormesis“ stammt aus dem Griechischen und steht für „Anregung“. In der Naturheilkunde werden seit jeher Kälte und Wärme eingesetzt. Kneippsche Güsse, Eisbäder, Sauna und Ähnliches regen die Durchblutung an, aktivieren die Abwehrzellen und die Ausschüttung von Hormonen. Das gilt auch für Sport, der den Körper zunächst belastet, auf Dauer aber stärkt.

# KEINE ANGST VOR FIEBER

**Wenn das Immunsystem mobil macht, reagiert der Körper mit Fieber. Das kann den Heilungsprozess beschleunigen. Auch sonst unterstützen hohe Temperaturen, wie sie zum Beispiel in der Sauna herrschen, die körpereigene Abwehr.**

Lange Zeit wurde Fieber als gefährlich angesehen. Mit verschiedenen Maßnahmen (Wadenwickel, fiebersenkende Medikamente wie Paracetamol oder Ibuprofen) wurde versucht, die hohe Körpertemperatur zu senken. Inzwischen hat sich die Sicht geändert: Fieber ist eine hochwirksame Reaktion des Körpers, um Viren und Bakterien zu bekämpfen, und birgt Vorteile für das Überleben. Deshalb sollte es nach Möglichkeit nicht unterdrückt werden. Ausnahmen gelten nur bei Vorerkrankungen, wie zum Beispiel bei Herzinsuffizienz.

### Schwitzkur mit Wärmflasche

Viele wissenschaftliche Untersuchungen zeigen, dass eine Infektion bei 39 bis 41 Grad Celsius besser kontrolliert werden kann als bei 37 Grad. Umgekehrt legen Studien zu Malaria, Windpocken und Rhinovirus-Infektionen nahe, dass sich die Genesung verzögert, wenn das Fieber gesenkt wird. Bewohner von Seniorenheimen mit Lungenentzündung hatten laut einer Untersuchung eine siebenfach höhere Chance, die Infektion zu überleben, wenn sie Fieber entwickelten. Auch gibt es zunehmend Hinweise darauf, dass die Verabreichung von Ibuprofen bei Atemwegserkrankungen komplizierte Verläufe wahrscheinlicher macht. Eine ähnliche Beobachtung haben auch chinesische Ärzte während des Covid-19-Ausbruchs gemacht: Die Prognose war günstiger, wenn die Patienten Fieber bekamen. Homöopathisch und anthroposophisch ausgerichtete Ärzte haben ihre eigenen Methoden entwickelt, um nicht fiebernde Patienten beim „Aufwärmen“ im Kampf gegen Krankheitserreger zu unterstützen. Altbekannte Hausmittel wie die Schwitzkur haben dabei ihre Berechtigung: Dick eingepackt schickt man die Kranken mit Wärmflasche ins Bett – und gibt dazu Lindenblütentee, der sie ins Schwitzen bringt.

### Öfter in die Sauna, weniger Infekte

Die Körperkerntemperatur erhöht sich auch in der Sauna. Daher senkt regelmäßiges Saunieren die Häufigkeit von grippalen Infekten. Allerdings gilt: So gesund Saunabesuche vorbeugend auch sind, wer akut krank ist, sollte sie meiden. Krankheiten belasten den Körper schon genug und müssen erst auskuriert werden. Zudem besteht – zumindest in öffentlichen Saunen – große Ansteckungsgefahr.

### Fieber und Immunsystem

Forscher vom Shanghai Institute of Biochemistry and Cell Biology fanden heraus, dass die Lymphozyten, die gefährliche Eindringlinge bekämpfen (siehe Seite 6), bei hoher Temperatur schneller am Ort des Geschehens sind und effektiver arbeiten. Dafür werden spezielle Proteine (Integrine) auf der Zelloberfläche ausgeschüttet; bei Fieber kommt ein weiteres Protein (Heat Shock Protein) dazu, das sich an die Integrine bindet, den Transport beschleunigt und die Zellen leistungsstärker macht.

# DIE HEILKRAFT DES LICHTS

**Ohne Sonnenlicht könnte das Immunsystem nicht funktionieren. Die entscheidende Rolle spielt dabei Vitamin D, das gebildet wird, wenn die Sonne auf die Haut scheint. Dafür muss man viel draußen sein, ohne einen Sonnenbrand zu riskieren.**

Zahlreiche Studien zeigen, welche Bedeutung Tageslicht für ein funktionierendes Immunsystem hat. Manche Forscher halten den Mangel an Sonnenlicht für einen Risikofaktor, der die durchschnittliche Lebenszeit ähnlich stark verkürzt wie Rauchen. Eine große Rolle dabei spielt das Vitamin D. Eigentlich handelt es sich gar nicht um ein Vitamin, sondern um die Vorstufe eines Hormons. Es wird gebildet, wenn Sonnenlicht auf die Haut trifft. Die Sonne muss dazu hoch am Himmel stehen, nur dann enthält das Licht genügend UVB-Strahlen. Steht sie tiefer, kann man zwar noch braun werden, zu einer nennenswerten Vitamin-D-Produktion kommt es dann aber nicht mehr. Die Faustregel lautet: Steht man mit der Sonne im Rücken, sollte der eigene Schatten kürzer sein als man selbst. In Deutschland ist dies im Sommer nur um die Mittagszeit herum der Fall. Im Winterhalbjahr steht die Sonne auch mittags zu niedrig, um die Vitamin-D-Bildung im Körper zu fördern.

### Im Sommer die Speicher füllen

Doch dadurch entsteht nicht unbedingt ein Mangel: Mit 1000 bis 1500 Sonnenstunden zwischen März und Oktober kann man ganzjährig gut versorgt sein, da das „Sonnenvitamin“ im Fett- und Muskelgewebe gespeichert wird. Doch weil die meisten Menschen den Tag drinnen verbringen und, wenn sie an die frische Luft kommen, häufig Sonnenschutzmittel verwenden, ist ein Vitamin-D-Mangel sehr verbreitet. Nach Einschätzung des Robert-Koch-Instituts fehlt 60 Prozent der Deutschen im Winter Vitamin D.

Wichtig für die Vitamin-D-Bildung: die Mittagssonne.

Ein niedriger Vitamin-D-Spiegel im Blut ist mit einem höheren Risiko für zahlreiche Krankheiten verknüpft.

### Licht regt die Lymphozyten an

Die Ernährung trägt lediglich zehn bis 20 Prozent zur Versorgung bei. Nur wenige Lebensmittel enthalten nennenswerte Mengen an Vitamin D: Speisepilze, fetter Seefisch und Lebertran, manche Innereien und Eier. Viele Experten raten deshalb zur Einnahme von Vitamin-D-Präparaten. Sprechen Sie mir Ihrem Arzt oder einem Ernährungsberater darüber. Ganz ersetzen können Nahrungsergänzungsmittel die Natur allerdings nicht: Die Wirkung von Sonnenlicht ist komplex und geht über die Vitamin-D-Bildung hinaus. So wird zum Beispiel Stickstoffmonoxid ins Blut ausgeschüttet, das die Gefäße erweitert. Und der blaue und ultraviolette Teil des Sonnenlichts scheint die T-Lymphozyten anzuregen, die Infektionen bekämpfen.

# STARKMACHER AUS DEM GEWÜRZREGAL

Sie eignen sich geschmacklich zum Verfeinern und gesundheitlich als Medizin mit Mehrwert. Nutzen Sie Gewürze und Kräuter wie Kurkuma, Salbei und Co., um Ihre Abwehrkräfte zu stärken und gleichzeitig Ihr Essen aufzupeppen.

## CHILISCHOTEN

Ihre Bitterstoffe regen den Stoffwechsel an, machen das Immunsystem fit und wirken gegen fast alle Zivilisationskrankheiten. Vor allem der in Chilischoten, Chilipulver und Cayennepfeffer enthaltene Scharfstoff Capsaicin ist ein regelrechter Schutzstoff für die Schleimhaut im Darm. Je schärfer eine Chili ist, desto höher ist ihr Capsaicingehalt.

## INGWER

Ingwer gilt als natürlicher Immunbooster. Die Knolle enthält viele gesundheitsfördernde Antioxidantien, Mineralstoffe und ätherische Öle, die bereits im Speichel die Immunabwehr fördern. Vor allem die sogenannten Gingerole sollen gegen Viren, Bakterien und Entzündungen wirken. Außerdem ist Ingwer eine Wunderwaffe gegen (Reise-)Übelkeit.

## KURKUMA

In der exotischen Wurzel steckt der gesunde Farbstoff Curcumin, ein Pflanzenstoff mit antioxidativer Wirkung, der Currygerichten ihre gelbe Farbe verleiht. Die in Kurkuma enthaltenen Vitamine sowie Kalium, Magnesium und Zink machen widerstandsfähig gegen Viren. Kurkuma gibt es als Pulver, getrocknet oder frisch als Knolle im Supermarkt oder im Bioladen.

## KREUZKÜMMEL

Der hohe Gehalt an vielfältigen Mineralstoffen macht die uralte Heilpflanze aus der Familie der Doldenblütler zum Immunbooster. Die Samen werden seit Jahrhunderten in der indischen Küche und Heilkunde verwendet. Kalzium, Magnesium, Eisen und Zink haben einen positiven Einfluss auf verschiedene Stoffwechselprozesse im Körper. Studien haben gezeigt, dass das in Kreuzkümmel enthaltene Cumin nicht nur die Stressanfälligkeit reduziert, sondern auch das Gedächtnis verbessern kann.

## SENF

Sie mögen ein bisschen Schärfe am Essen? Dann greifen Sie bei Senf ruhig regelmäßig zu. Ob grob oder fein, mittelscharf oder mild-süß – die würzige Paste enthält Senföle (auch Senfölglykoside genannt), die gegen bakterielle Infektionen helfen. Senf passt nicht nur zu Bratwurst und Frikadellen, sondern auch aufs Brot oder zu Käse. Auch Meerrettich, der ebenfalls Senföle enthält, zeigte in Studien eine gute antivirale Wirkung.

## ZIMT

Das Weihnachtsgewürz hat antioxidative Eigenschaften und ist ein wahres Multitalent, das – ebenso wie Pfeffer und Muskat – das Immunsystem stärkt und die Verdauung anregt. Die Rinde der Zimtbäume tötet Bakterien und Pilze, hemmt Entzündungen und verbessert den Blutzuckerspiegel und die Insulinproduktion. Allerdings darf man es mit Zimt nicht übertreiben. Ein halber Teelöffel pro Tag reicht aus, da eine Überdosierung die Leber schädigen kann. Kaufen Sie am besten Ceylon-Zimt. Der ist zwar teurer als Cassia-Zimt, dafür aber auch gesünder.

## BASILIKUM

Das duftende Gewürz gilt als Königskraut für Küche und Gesundheit. Es enthält neben Vitamin A und K ätherische Öle, die den Körper vor zellschädigenden freien Radikalen schützen. Basilikum eignet sich auch prima für ein immunstärkendes Erfrischungsgetränk: Mixen Sie den Saft einer Zitrone mit etwa 8 bis 10 Basilikumblättern in 1 l Wasser und genießen Sie das Ganze gekühlt. Tipp: Mit Basilikum im Töpfchen auf dem Fensterbrett haben Sie das aromatische Kraut immer zur Hand.

## KERBEL

Krisenzeiten sind meist nicht besonders gut für die Stimmung. Kräuter wie Kerbel, ein naher Verwandter von Petersilie, wirken da aufhellend, denn sie stimulieren nicht nur die Zellen, sondern beruhigen auch die Nerven. Kerbel hat aber noch mehr zu bieten: Ungesättigte Fettsäuren, Glykoside, Flavonoide, Eisen, Magnesium, Kalium und Zink schützen das Abwehrsystem vor oxidativem Stress. Die Inhaltsstoffe Isoanethol und Chavibetol wirken zudem antiseptisch und schleimlösend bei Erkältungen.

## KORIANDER

Sein leicht scharfer Geschmack ist nicht jedermanns Sache, deshalb sollte Koriander beim Kochen wohldosiert werden. Für die Gesundheit lohnt sich der Einsatz allemal, denn das Kraut hat eine antibiotische Wirkung. Studien haben gezeigt, dass Koriander sogar Salmonellen abtöten kann. Außerdem enthält er zahlreiche wichtige Vitamine und Mineralien. Sie können Koriander als frische Pflanze im Topf oder im Bund kaufen; es gibt seine Samen aber auch getrocknet oder gemahlen.

## MINZE

Minze ist eine prima Erfrischung mit Mehrwert. Das Kraut hat zahlreiche heilende Eigenschaften und schmeckt nicht nur im Tee, sondern passt auch zu vielen herzhaften und süßen Gerichten. Vitamin C, Kalium, Kupfer, Kalzium, Eisen und Magnesium stärken das Immunsystem. Die beliebtesten Sorten sind grüne Minze und Pfefferminze. Das Heilkraut gibt es frisch und getrocknet; aromatisches Minzöl eignet sich zum Kochen und Backen.

## ROSMARIN

Das mediterrane Kraut enthält zahlreiche Inhaltsstoffe, die die Abwehr auf Zack bringen und den Magen-Darm-Trakt positiv beeinflussen. Dazu gehört auch der Stoff Rosmanol, der Viren und Bakterien angreift. Rosmarin wurde schon im Altertum als Antiseptikum eingesetzt. Tipp: Mit 5 bis 10 Tropfen Rosmarinöl (aus der Apotheke) auf 1 TL Honig können Sie auf Reisen Viren und Bakterien besser abwehren. Wichtig zu wissen: Für Säuglinge, Kleinkinder, Schwangere mit Bluthochdruck und Asthmatiker ist Rosmarinöl nicht geeignet.

## SALBEI

Seine Heilwirkung steckt in den Blättern, die reichlich Bitterstoffe und ätherische Öle enthalten. Sie machen Salbei zu einem natürlichen Mittel gegen Husten, Schnupfen und Heiserkeit. Antioxidantien schützen die Zellen vor freien Radikalen. Die Öle Cineol und Campher wirken keimtötend und desinfizierend. Bei einer Grippewelle eignet sich Salbeitee vorbeugend gegen Infektionen und hat gleichzeitig eine beruhigende Wirkung. Fein gehackt passt das Kraut zu Suppen, Eintöpfen und Gemüsegerichten.

# IMMUNGESUNDE REZEPTE

Den Kochlöffel schwingen und Infekte, Husten, Schnupfen, Heiserkeit in die Flucht schlagen? Das funktioniert! Denn unsere Ernährung spielt eine wichtige Rolle dabei, wie gut unser Immunsystem arbeitet. Wir haben für Sie mehr als 50 superleckere Rezepte zusammengestellt, in denen viele Power-Inhaltsstoffe stecken und die ideal sind, um gesund und immunfit durchs Jahr zu kommen: von Frühstücks-Ideen über kleine Gerichte und Hauptmahlzeiten bis hin zu süßen Sachen. Das Geheimnis unserer Rezepte? Nährstoffreiches Fitfood statt Junkfood! Eine ordentliche Portion Obst und Gemüse, Vollkornprodukte, Nüsse und Kerne, dazu wertvolles Eiweiß aus Milchprodukten, Eiern, magerem Fleisch und Fisch. So „füttern“ Sie Ihre Immunzellen richtig, damit diese optimal arbeiten können.

# FRÜHSTÜCK

Morgens um halb sieben oder um zehn? Egal! Ein gesundes Frühstück ist der beste Start in den Tag. Unsere Muntermacher-Ideen wecken die Lebensgeister. Sie füllen über Nacht geleerte Energiespeicher wieder auf und machen lange satt. Greifen Sie zu Müsli, Flocken und Vollkornbrot, zu Gemüse und Obst, kombiniert mit wertvollem Eiweiß – am besten im Wechsel. So macht das Aufstehen Spaß!

# PINK-SMOOTHIE-BOWL

Vitamine? Aber gerne! Der fruchtige Muntermacher mit frischen Beeren und Buttermilch hat jede Menge davon – und sorgt morgens gleich für gute Laune.

Für 2 Personen
Zubereitungszeit: 20 Minuten

300 g gemischte Beeren (z. B. Blau-, Brom-, Himbeeren; ersatzweise 300 g tiefgekühlte und aufgetaute Beerenmischung)
2 EL Mandelblättchen
½ l reine Buttermilch (max. 1,5 % Fett)
1 EL flüssiger Honig (z. B. Manuka-Honig)
1 kleine Banane
1 Kiwi
1 EL geschroteter Gold-Leinsamen

*Nährwerte pro Portion: ca. 340 kcal, 15 g EW, 9 g F, 41 g KH, 8 g BST*
*Reich an Vitamin C*

+ Die Beeren verlesen, waschen und trocken tupfen. Die Mandelblättchen in einer Pfanne ohne Fett bei mittlerer Hitze hell rösten. Herausnehmen und abkühlen lassen.

+ Von den Beeren 50 g zum Garnieren beiseitelegen, die übrigen Beeren mit Buttermilch und Honig im Mixer so lange pürieren, bis eine homogene Masse entstanden ist. Den Smoothie auf Schalen (Bowls) verteilen.

+ Die Banane schälen und in Scheiben schneiden. Die Kiwi schälen, der Länge nach halbieren und die Hälften ebenfalls quer in Scheiben schneiden.

+ Zum Servieren den Smoothie jeweils mit den Bananen- und Kiwischeiben, beiseitegelegten Beeren, Mandelblättchen und Leinsamen streifenförmig nebeneinander belegen. Nach Belieben mit Minzeblättchen garnieren.

**Die Ernährungs-Docs**

Trendig, wenn auch nicht ganz billig, ist der neuseeländische Manuka-Honig, der schon in kleinen Mengen immunstärkend wirkt. In dem Nektar der Südseemyrthe steckt besonders viel Methygloxal (MGO; der Anteil ist auf dem Produkt ausgelobt). Seine antibakterielle Wirkung kann das Methylgloxal vor allem im Mund-Rachen-Raum und Magen-Darm-Trakt entfalten.

# HERBSTLICHES BIRCHERMÜSLI

Der Schweizer Klassiker wird durch Pflaumen, Birnen und Walnüsse zum heimischen Superfoods-Highlight – top dank roter Pflanzenfarbstoffe und vieler Antioxidantien.

Für 2 Personen
Zubereitung: 25 Minuten
Quellen: 8 Stunden, über Nacht

60 g zarte Haferflocken
100 ml Milch (1,5 % Fett)
2 EL Walnusskerne
1 EL Mandeln
1 reife feste Birne
(z. B. Williams Christ; ca. 200 g)
1 EL Zitronensaft
2 EL getr. Soft-Cranberrys
150 g Naturjoghurt (3,5 % Fett)
2 blaue Pflaumen (ca. 150 g)
2 TL Birnendicksaft

*Nährwerte pro Portion: ca. 440 kcal, 13 g EW, 16 g F, 57 g KH, 8 g BST*
*Reich an Vitamin K*

+ Am Vorabend die Haferflocken in einer Schüssel mit der Milch mischen. Im Kühlschrank abgedeckt etwa 8 Stunden, am besten über Nacht, quellen lassen.

+ Am nächsten Tag Walnüsse und Mandeln in einer Pfanne ohne Fett bei mittlerer Hitze hell rösten, herausnehmen und abkühlen lassen, dann grob hacken.

+ Die Birne waschen, vierteln und entkernen. 1 Birnenviertel zum Garnieren beiseitelegen, die restlichen samt Schale auf der Gemüsereibe grob raspeln. Die Raspel sofort mit dem Zitronensaft beträufeln, damit sie sich nicht bräunlich verfärben. Die Cranberrys grob hacken. Birnenraspel, Cranberrys, Nuss-Mandel-Mischung – bis auf 2 TL zum Garnieren – und den Joghurt unter den Haferflocken-Mix rühren.

+ Die Pflaumen waschen, halbieren und entkernen, die Hälften in Spalten schneiden. Das beiseitegelegte Birnenviertel in dünne Scheiben schneiden. Zum Servieren das Birchermüsli auf Schalen verteilen und Pflaumen und Birnen daraufsetzen. Mit dem restlichen Nuss-Mandel-Mix bestreuen und jeweils mit 1 TL Birnendicksaft beträufeln.

**Die Ernährungs-Docs**

Anthocyane, eine Untergruppe der Flavonoide, geben den Pflaumen ihre dunkle Farbe. Sie stärken die Immunkraft und schützen Zellen und kleine Blutgefäße. Außerdem fördern die Pigmente die Zirkulation von Blut und Lymphe – also der Flüssigkeit, mit deren Hilfe die Immunzellen durch die verschiedenen Körperteile transportiert werden (siehe Seite 9).

# PORRIDGE MIT ZITRUSFRÜCHTEN

Reden wir nicht lange um den heißen Brei herum – genießen wir lieber Löffel für Löffel unser warmes Fitmacher-Frühstück mit Vitamin-C-reichen Früchten.

Für 2 Personen
Zubereitung: 20 Minuten

½ l ungesüßter Mandeldrink
100 g zarte Haferflocken
1 Stück Vanilleschote (ca. 2 cm)
½ Zimtstange
1 Sternanis
20 g Mandeln
20 g Sonnenblumenkerne
1 Orange
1 rosa Grapefruit
2 TL flüssiger Honig
1 EL ausgelöste Granatapfelkerne

*Nährwerte pro Portion: ca. 440 kcal, 14 g EW, 14 g F, 53 g KH, 10 g BST*
*Reich an Vitamin $B_1$ und Eisen*

+ Den Mandeldrink in einem Topf bei mittlerer Hitze aufkochen. Haferflocken, Vanilleschote, Zimtstange und Sternanis dazugeben und alles unter Rühren erhitzen. Dann das Porridge offen bei milder Hitze etwa 10 Minuten quellen lassen, bis ein zähflüssiger Brei entstanden ist, dabei ab und zu umrühren. Danach die ganzen Gewürze entfernen.

+ Inzwischen die Mandeln grob hacken und mit den Sonnenblumenkernen unter das fertige Porridge heben. Die Orange und Grapefruit so großzügig schälen, dass jeweils auch die weiße Haut mit entfernt wird. Die Filets zwischen den einzelnen Trennhäuten herausschneiden, den austretenden Saft auffangen und den Rest der Zitrusfrüchte gut ausdrücken. Den Zitrussaft unter das Porridge mischen.

+ Zum Servieren das Porridge auf Schalen verteilen und mit den Orangen- und Grapefruitfilets belegen. Mit Honig beträufeln und mit den Granatapfelkernen bestreuen.

**Die Ernährungs-Docs**
Setzen Sie – vor allem in der kalten Jahreszeit – auf Zitrusfrüchte wie Orange und Grapefruit, um Ihren Bedarf an Vitamin C zu decken. Das Power-Vitamin spielt für unser Immunsystem eine wichtige Rolle. Es unterstützt die weißen Blutkörperchen in ihrer Funktion, Krankheitserreger abzuwehren, und verbessert die Antikörper-Reaktion (siehe Seite 24).

# SUPERFOOD-POWERDRINKS

Unsere ultimativen Vitalstoff-Kombis sind fix gemixt! Neben frischen Früchten und knackigem Blattgrün enthalten die Smoothies Ingwer, Chili, Hanfsamen und Co., die den Stoffwechsel pushen. Für starke Abwehrkräfte, mehr Fitness und Lebensenergie – so einfach kann Gesundküche sein!

## GRÜNKOHL-PAPAYA-SMOOTHIE

Für 3 Gläser (à ca. 300 ml Inhalt): **100 g Grünkohl** putzen, waschen und trocken schütteln. **200 g reife Papaya** entkernen und schälen, **½ Banane** schälen und beides grob schneiden. **1 rote Chilischote** halbieren, entkernen, waschen und in Streifen schneiden. Alle Zutaten mit **4 EL Limettensaft, 2 TL kalt gepresstem Leinöl** und **½ l Trinkmolke** im Mixer cremig-fein pürieren. Auf Gläser verteilen.

*Nährwerte pro Glas:*
*ca. 130 kcal, 3 g EW, 4 g F, 18 g KH, 2 g BST*
*Reich an Vitamin C und K*

## ROTE-BETE-BEEREN-SMOOTHIE

Für 2 Gläser (à ca. 300 ml Inhalt): **100 g Rote Bete** (vorgegart und vakuumiert) grob würfeln (dabei am besten Einweghandschuhe tragen!). **150 g frische Himbeeren** (ersatzweise tiefgekühlt und aufgetaut) verlesen und waschen. **20 g Ingwer** schälen und fein würfeln. Alles mit **2 EL geschälten Hanfsamen, ½ TL Zimtpulver, 200 ml reiner Buttermilch (max. 1,5 % Fett)** und 150 ml kaltem Wasser im Mixer sehr fein pürieren. Falls nötig, noch etwas Wasser untermixen. Auf Gläser verteilen.

*Nährwerte pro Glas:*
*ca. 160 kcal, 8 g EW, 6 g F, 13 g KH, 5 g BST*
*Reich an Vitamin E und Eisen*

## ACE-BOOSTER

Für 2 Gläser (à ca. 300 ml Inhalt): **200 g Aprikosen** waschen, halbieren, entkernen und grob schneiden. **100 g Kirschtomaten** waschen und halbieren. **½ Bio-Limette** so großzügig schälen, dass auch die weiße Haut mit entfernt wird, und die Filets herausschneiden. Alles mit dem **Saft von 1 Orange, 125 ml Möhrensaft, 2 TL Honig, 2 TL Weizenkeimöl** und **100 g Crushed Ice** im Mixer cremig-fein pürieren. Auf Gläser verteilen.

*Nährwerte pro Glas:*
*ca. 160 kcal, 2 g EW, 6 g F, 22 g KH, 3 g BST*
*Reich an Vitamin E*

## KIWI-MINZE-SHAKE

Für 2 Gläser (à ca. 300 ml Inhalt): **2 Kiwis** schälen und grob würfeln. **2 kleine grüne reife Birnen** (z. B. Forelle; ca. 250 g) waschen, vierteln, entkernen und in Stücke schneiden. **½ reife Avocado** schälen und würfeln. **50 g jungen Spinat** verlesen, waschen und trocken schleudern. Mit Kiwis, Birnen, Avocado, **1 Handvoll Minzeblättern, 1 TL Matchapulver, 2 EL Zitronensaft, 1 TL Hanföl** und **2 TL flüssigem Honig** in den Mixer geben. 350 ml kaltes Wasser dazugießen und alles cremig-fein pürieren. Falls nötig, noch etwas Wasser untermixen. Den Shake auf Gläser verteilen.

*Nährwerte pro Glas:*
*ca. 150 kcal, 2 g EW, 6 g F, 18 g KH, 6 g BST*
*Reich an Vitamin K*

# KRÄUTEROMELETT MIT GEMÜSE

So wird das Frühstück zum Wellness-Programm: Mit diesem saftigen Omelett tanken Sie nicht nur ordentlich Power, sondern auch reichlich Vitalstoffe.

Für 2 Personen
Zubereitung: 25 Minuten

1 kleine Zucchini (ca. 125 g)
3 Frühlingszwiebeln
100 g Kirschtomaten
½ reife Avocado
½ Bund Schnittlauch
1 kleine Handvoll Kerbelblätter
4 Eier (Größe M)
3 EL Milch (1,5 % Fett)
Salz, Pfeffer aus der Mühle
1 ½ EL natives Olivenöl extra

*Nährwerte pro Portion: ca. 340 kcal, 18 g EW, 24 g F, 11 g KH, 5 g BST*
*Reich an Biotin und Eisen*

+ Zucchini putzen, waschen und klein würfeln. Frühlingszwiebeln putzen, waschen und in dünne Ringe schneiden. Tomaten waschen und halbieren. Avocado schälen und in Scheiben schneiden. Schnittlauch und Kerbel waschen und trocken schütteln. Schnittlauch in feine Röllchen schneiden, Kerbelblätter und grob hacken. Die Eier mit Milch, Salz und Pfeffer verquirlen, die Hälfte der Kräuter unterrühren.

+ In einer kleinen beschichteten Pfanne (ca. 18 cm Durchmesser) 1 EL Öl erhitzen und Zucchini und Frühlingszwiebeln darin bei mittlerer Hitze 2 bis 3 Minuten braten. Herausnehmen und in einer Schüssel vorsichtig mit Tomaten und Avocado mischen. Salzen und pfeffern, warm halten.

+ Die Pfanne mit Küchenpapier auswischen und ½ TL Öl darin erhitzen. Die Hälfte der Eiermasse darin verteilen und bei mittlerer Hitze 2 bis 3 Minuten braten, dabei einmal wenden. Das Omelett auf einen Teller gleiten lassen und abgedeckt warm halten. Aus der restlichen Eiermasse im übrigen Öl ein weiteres Omelett backen. Zum Servieren die Omeletts auf Teller setzen, mit dem Gemüse füllen und mit den restlichen Kräutern bestreuen.

**Die Ernährungs-Docs**
Vitamin E aus Avocado und Olivenöl ist das wichtigste fettlösliche Antioxidans im Körper. Vor allem bei Älteren lässt sich die Abwehrleistung durch eine hohe Vitamin-E-Zufuhr steigern, weil dann spezifische Antikörper (Immunglobuline) und zelluläre Immunmechanismen angeregt werden. Übrigens: Avocados sollten unbedingt aus ökologischem Anbau stammen.

# KRABBEN-EIER-SALAT IM GLAS

Perfekt für alle, die es morgens lieber deftig mögen: Eier und Krabben werden auf Rohkostquark gebettet und liefern reichlich wertvolles Eiweiß.

Für 2 Personen
Zubereitung: 25 Minuten

5 Stiele Dill
250 g Magerquark
100 g Naturjoghurt (1,5 % Fett)
1 TL mittelscharfer Senf
1 EL kalt gepresstes Leinöl
Salz, Pfeffer aus der Mühle
4 Radieschen
1 Mini-Salatgurke
1 EL Balsamico bianco
2 Eier (Größe M)
2 Scheiben Vollkornbrot (à ca. 50 g)
1 EL natives Olivenöl extra
100 g Nordseekrabbenfleisch

*Nährwerte pro Portion: ca. 460 kcal, 39 g EW, 19 g F, 30 g KH, 5 g BST*
*Reich an Vitamin $B_2$ und Zink*

+ Den Dill waschen und trocken schütteln, die Spitzen abzupfen und fein hacken. 2 TL Dill beiseitelegen, den Rest mit Quark, Joghurt, Senf, Leinöl, Salz und Pfeffer verrühren.

+ Radieschen putzen, waschen und etwa ½ cm groß würfeln. Gurke waschen, längs halbieren und ebenfalls klein würfeln. Radieschen und Gurke mit Essig, Salz und Pfeffer mischen. 2 EL Gurken-Radieschen-Mix zum Garnieren beiseitelegen, den Rest mit dem Dillquark mischen.

+ Die Eier in kochendem Wasser etwa 6 Minuten wachsweich garen, danach kalt abschrecken. Inzwischen die Brote in etwa fingerbreite Streifen schneiden und in einer Pfanne im Olivenöl bei mittlerer Hitze etwa 5 Minuten unter Wenden rundum knusprig braten. Herausnehmen und auf Küchenpapier abtropfen lassen.

+ Die Krabben in einem Sieb abbrausen und abtropfen lassen. Die Eier pellen und quer halbieren. Den Gemüsequark auf breite Gläser verteilen und mit dem beiseitegelegten Gurken-Radieschen-Mix und übrigem Dill bestreuen. Die Eier daraufsetzen und die Brotsticks dazu servieren.

**Die Ernährungs-Docs**
Quark, Eier und Krabben sind gute Quellen für hochwertiges, gut verdauliches Eiweiß. Seine Aminosäuren benötigt der Körper zum Beispiel, um daraus Schutzproteine und andere Immunzellen herzustellen. Als Bestandteil von Antikörpern (Immunglobulinen) und Gerinnungsfaktoren pushen Aminosäuren außerdem das Immunsystem.

# VOLLKORNSAUERTEIGBROT

Davon können Sie sich ruhig zwei Scheiben abschneiden: Hochwertige Mehle, Leinsamen und Keime machen dieses Brot zu einem nährstoffreichen Immunbooster.

Für 1 Brot (ca. 900 g; 15 Scheiben)
Zubereitung: 30 Minuten
Gehen: 1 Stunde 30 Minuten
Backen: 1 Stunde

400 g Dinkelvollkornmehl
100 g Roggenvollkornmehl
2 EL Weizenkeime
50 g ganzer Leinsamen
½ EL Salz
1 TL Korianderpulver
½ TL gemahlener Kümmel
¼ TL frisch geriebene Muskatnuss
½ Würfel Hefe (ca. 20 g)
75 g Natursauerteig (aus dem Bioladen)
Dinkelvollkornmehl zum Arbeiten

*Nährwerte pro Scheibe: ca. 160 kcal, 6 g EW, 3 g F, 22 g KH, 4 g BST*
*Reich an Eisen*

+ Beide Mehlsorten, Weizenkeime, Leinsamen, Salz und Gewürze in einer Rührschüssel mischen. Hefe zerkrümeln, mit 300 ml lauwarmem Wasser und dem Sauerteig gründlich verrühren und zur Mehlmischung gießen. Alles mit den Knethaken des Handrührgeräts elastisch verkneten. Den Teig abgedeckt an einem warmen Ort etwa 1 Stunde gehen lassen. Ein Backblech mit Backpapier belegen.

+ Anschließend den Teig auf der leicht bemehlten Arbeitsfläche noch mit den Händen durchkneten, zu einem Laib formen und auf das Blech legen. Abgedeckt 30 Minuten gehen lassen. Den Backofen rechtzeitig auf 200 °C vorheizen.

+ Die Oberfläche des Brotes mit einem Messer mehrmals schräg einschneiden und mit Mehl bestäuben. Das Brot im Ofen auf der mittleren Schiene etwa 1 Stunde backen, dabei eine ofenfeste Schale mit Wasser auf den Backofenboden stellen. Den Klopftest machen: Klopfen Sie auf die Unterseite des Brotes. Wenn es hohl klingt, ist es ausgebacken, ansonsten noch einige Minuten länger backen. Das Brot aus dem Ofen nehmen und auf einem Kuchengitter auskühlen lassen. Im Brotkasten hält es sich etwa 1 Woche.

**Die Ernährungs-Docs**
Vollkornbrote sind kleine Gesundwunder, da sie reichlich Magnesium, Eisen, Jod, Selen, Zink und viele B-Vitamine enthalten. Sie alle helfen, die Abwehr zu stärken – vorausgesetzt, das Brot wurde mit Sauerteig gebacken. Denn nur dessen Milchsäurebakterien können das Enzym Phytase aktivieren, das die Nährstoffe für den Körper aus dem Getreide herauslöst.

# BLITZ-JOGHURTBRÖTCHEN

Morgens noch schnell in den Ofen geschoben: Mit wertvollen Ballaststoffen und Milchsäurebakterien stärken die Brötchen den Darm als wichtiges Abwehrorgan.

Für 12 Brötchen (à ca. 80 g)
Zubereitung: 20 Minuten
Backen: 20 Minuten

500 g Dinkelvollkornmehl
1 Pck. Weinsteinbackpulver
2 TL Salz
2 EL Sonnenblumenkerne
2 EL ganzer Leinsamen
2 EL dunkle Sesamsamen
400 g Naturjoghurt (1,5 % Fett)
2 EL kalt gepresstes Rapskernöl
Dinkelvollkornmehl zum Arbeiten

*Nährwerte pro Stück: ca. 210 kcal, 8 g EW, 6 g F, 30 g KH, 4 g BST*
*Reich an Vitamin $B_1$ und Eisen*

+ Den Backofen auf 200 °C vorheizen. Ein Backblech mit Backpapier belegen. Das Mehl mit Backpulver, Salz und je 1 EL Sonnenblumenkernen, Leinsamen und Sesamsamen mischen. Joghurt und Öl dazugeben und alles mit den Knethaken des Handrührgeräts zu einem glatten, geschmeidigen Teig verkneten. Falls der Teig zu fest sein sollte, noch 3 bis 4 EL Wasser einarbeiten.

+ Den Teig in 12 gleich große Stücke teilen und jedes Teigstück mit bemehlten Händen zu einem Brötchen formen. Nebeneinander auf das Blech legen, etwas flach drücken, oben kreuzweise einschneiden und mit Wasser bestreichen. Die übrigen Sonnenblumenkerne, Leinsamen und Sesamsamen mischen und die Teigrohlinge damit bestreuen, dabei die Kerne leicht andrücken.

+ Die Joghurtbrötchen im Ofen auf der 2. Schiene von unten etwa 20 Minuten goldbraun backen. Herausnehmen und auf einem Kuchengitter lauwarm oder vollständig abkühlen lassen. Die Brötchen halten sich im Brotkasten etwa 3 Tage oder im Tiefkühlfach bis zu 1 Jahr.

**Die Ernährungs-Docs**
Die in Dinkel enthaltenen Ballaststoffe – zum Beispiel unverdauliche Polysaccharide wie Hemizellulosen und Glucane – unterstützen den Darm bei seinen Aufgaben. Sie werden im Dickdarm durch Bakterien zersetzt und zu kurzkettigen Fettsäuren abgebaut. Diese gelangen über die Darmzellen in die Blutbahn und stärken die körpereigenen Abwehrkräfte.

# HERZHAFTE BROTAUFSTRICHE

Hier kommt ordentlich Gemüse aufs Brot! Ob in Rot mit Tomaten, in Gelb mit Möhren und Ingwer oder in Grün mit Erbsen – diese cremig-würzigen Pasten dürfen Sie ruhig dick auftragen. Sie sind schnell gemacht, machen lange satt und schützen unsere Gesundheit mit vielen wertvollen Vitalstoffen.

## MÖHREN-INGWER-AUFSTRICH

Für 1 Glas (ca. 300 g Inhalt): **200 g Bundmöhren** (mit Grün) putzen, zartes Grün beiseitelegen, Möhren schälen und fein würfeln. **20 g Ingwer** schälen und fein würfeln, mit den Möhren in einem Topf in **2 EL kalt gepresstem Rapskernöl** etwa 2 Minuten andünsten, mit **½ TL gemahlener Kurkuma, Salz und Pfeffer aus der Mühle** würzen. **4 EL Wasser** dazugießen und alles mit geschlossenem Deckel bei mittlerer Hitze etwa 10 Minuten dünsten. Etwas abgekühlt mit **1 EL dunklem Mandelmus** und **1 EL Zitronensaft** im Mixer pürieren. **4 Stiele Möhrengrün** waschen, trocken tupfen und fein hacken, mit **1 TL abgeriebener Bio-Zitronenschale** und **100 g Frischkäse** (Halbfettstufe) unterrühren, mit Salz und Pfeffer abschmecken. Den Aufstrich in ein steriles Twist-off-Glas füllen und verschließen. Gekühlt hält er sich 3 bis 4 Tage.

*Nährwerte pro EL (ca. 25 g): ca. 45 kcal, 1 g EW, 3 g F, 2 g KH, 1 g BST. Reich an Beta-Carotin*

## TOMATEN-SONNENBLUMEN-PASTE

Für 1 Glas (ca. 250 g Inhalt): Am Vorabend **75 g Sonnenblumenkerne** mit Wasser bedeckt über Nacht einweichen. Am nächsten Tag in einem Sieb abbrausen und abtropfen lassen. **100 g getr. Tomaten (in Öl)** abtropfen lassen, grob hacken und samt Sonnenblumenkernen mit **1 EL Tomatenmark** sowie **jeweils 2 TL gehacktem Rosmarin und Oregano** im Mixer pürieren. Nach und nach **2 EL natives Olivenöl extra** unterrühren, bis die Konsistenz geschmeidig ist. **Salzen und pfeffern.** Den Aufstrich in ein sauberes Twist-off-Glas füllen und verschließen. Er hält sich im Kühlschrank bis zu 1 Woche.

*Nährwerte pro EL (ca. 25 g):*
*ca. 60 kcal, 2 g EW, 4 g F, 4 g KH, 1 g BST*
*Reich an Vitamin E und Eisen*

## PUTENBRUST-ERBSEN-CREME

Für 1 Glas (ca. 300 g Inhalt): **2 Frühlingszwiebeln** putzen, waschen, das Weiße und Hellgrüne separat in feine Würfel schneiden. **1 Knoblauchzehe** schälen, fein würfeln, mit den weißen Zwiebeln in einem Topf in **1 EL nativem Olivenöl extra** etwa 2 Minuten dünsten. **100 g tiefgekühlte Erbsen** und **50 ml glutenfreie Gemüsebrühe** dazugeben und alles mit geschlossenem Deckel bei mittlerer Hitze etwa 5 Minuten dünsten. Etwas abkühlen lassen. **75 g Putenbrustaufschnitt** (in dünnen Scheiben) in feine Würfel schneiden und mit Erbsen-Mix, **1 TL glutenfreiem mittelscharfem Senf** und **2 EL saurer Sahne (10 % Fett)** im Mixer pürieren. **Salzen und pfeffern,** grüne Zwiebeln untermischen. Den Aufstrich in ein sauberes Twist-off-Glas füllen und verschließen. Er hält sich gekühlt 3 bis 4 Tage.

*Nährwerte pro EL (ca. 25 g):*
*ca. 35 kcal, 2 g EW, 2 g F, 2 g KH, 1 g BST*
*Reich an Niacin*

# KLEINE GERICHTE

Eine Portion Fitness, bitte! Unsere Zwischengerichte haben es in sich: Knackfrische Gemüse- und Blattsalate, sanfte Suppen, Mini-Buletten und mehr pushen mit hochwertigen Ölen, Vitaminen und bioaktiven Substanzen Ihre Abwehrkräfte und liefern auf leichte Art Energie. Damit sind Sie für jede Jahreszeit gerüstet – Grippe, Schnupfen und Infekte haben da kaum eine Chance.

# PANIERTER ZIEGENKÄSE AUF LÖWENZAHNSALAT

Herbfrischer Löwenzahn trifft würzigen Käse – so kommen reichlich Vitamine und Immunbooster auf den Teller. Eine Knusperpanade macht das Salatglück perfekt!

Für 2 Personen
Zubereitung: 40 Minuten
Braten: 10 Minuten

je 1 kleine rote und gelbe Paprikaschote
1 EL Pinienkerne
2 Frühlingszwiebeln
200 g grüner Löwenzahn
(ersatzweise 150 g Rucola)
2 EL Balsamico bianco
Salz, Pfeffer aus der Mühle
4 EL natives Olivenöl extra
1 EL Dinkelmehl (Type 1050)
2 EL Vollkornbrösel
1 EL helle Sesamsamen
1 Ei (Größe M)
2 Ziegencamemberts
(à ca. 100 g; 45 % Fett i. Tr.)

*Nährwerte pro Portion: ca. 660 kcal, 27 g EW, 25 g F, 25 g KH, 9 g BST*
*Reich an Vitamin C und Eisen*

+ Den Backofengrill einschalten. Die Paprikaschoten halbieren, entkernen, waschen und auf dem Rost unter dem Backofengrill auf der obersten Schiene 8 bis 10 Minuten braten. Herausnehmen, mit einem feuchten Tuch bedecken und kurz abkühlen lassen. Dann die Schoten häuten.

+ Inzwischen die Pinienkerne in einer Pfanne ohne Fett bei mittlerer Hitze hell rösten, herausnehmen und abkühlen lassen. Die Frühlingszwiebeln putzen, waschen und in dünne Ringe schneiden. Den Löwenzahn verlesen, waschen und trocken schütteln, die Blätter in mundgerechte Stücke, die Stiele in feine Scheiben schneiden. Die Paprikaschoten in 1 bis 2 cm große Würfel schneiden. Für die Vinaigrette den Essig in einer kleinen Schüssel mit 2 EL Wasser, Salz und Pfeffer mischen und 2 EL Öl gründlich unterrühren.

+ Das Mehl in einen tiefen Teller geben. Vollkornbrösel und Sesam ebenfalls in einem tiefen Teller mischen. Das Ei in einem tiefen Teller verquirlen. Die Camemberts zunächst im Mehl wenden. Dann durch das verquirlte Ei ziehen und zuletzt in der Bröselmischung panieren. In einer beschichteten Pfanne im übrigen Öl in bei mittlerer Hitze auf jeder Seite etwa 2 Minuten goldbraun braten, herausnehmen und auf Küchenpapier abtropfen lassen.

+ Zum Servieren Frühlingszwiebeln, Löwenzahn und Paprikawürfel auf Teller verteilen und mit der Vinaigrette beträufeln. Die Ziegencamemberts darauf anrichten und alles mit den Pinienkernen bestreuen.

# BUNTER CHICORÉESALAT MIT FETA

Für den Winter bestens gewappnet: Mit gesunden Bitterstoffen, Zitrusfrische und proteinreichem Feta bietet dieser Salat in der kalten Jahreszeit Fitfood vom Feinsten.

Für 2 Personen
Zubereitung: 30 Minuten

2 EL Kürbiskerne
1 EL Buchweizenkörner
1 Orange
100 g Feta (Schafskäse; 45 % Fett i. Tr.)
1 hellgrüner Chicorée
1 roter Chicorée
(ersatzweise 1 kleiner Radicchio)
50 g Feldsalat
2 EL Weißweinessig
Salz, Pfeffer aus der Mühle
3 EL natives Olivenöl extra

*Nährwerte pro Portion: ca. 430 kcal, 15 g EW, 32 g F, 16 g KH, 5 g BST*
*Reich an Beta-Carotin*

+ Die Kürbiskerne und Buchweizenkörner in einer Pfanne ohne Fett bei mittlerer Hitze so lange rösten, bis die Körner anfangen zu knistern. Herausnehmen und abkühlen lassen.

+ Die Orange so großzügig schälen, dass auch die weiße Haut mit entfernt wird. Die Filets zwischen den einzelnen Trennhäuten herausschneiden, den austretenden Saft auffangen und den Rest der Orange gut ausdrücken. Den Feta in grobe Stücke schneiden.

+ Beide Chicorées putzen, waschen und längs halbieren, jeweils den Strunk keilförmig herausschneiden und die Hälften quer in 1 bis 2 cm breite Streifen schneiden. Den Feldsalat verlesen, waschen und trocken schleudern. Chicoréestreifen und Feldsalat auf Tellern anrichten, die Orangenfilets und Fetastücke darauf verteilen.

+ Den aufgefangenen Orangensaft mit Essig, Salz und Pfeffer verquirlen und das Öl unterrühren. Alles mit dem Dressing beträufeln und mit dem Körner-Mix bestreuen.

**Die Ernährungs-Docs**
Präbiotika sind Lebensmittel, die das Mikrobiom günstig beeinflussen. Dazu zählt der unverdauliche Ballaststoff Inulin, der zum Beispiel in den weißen Teilen von Chicorée reichlich vorhanden ist. Er dient den „guten" Darmbakterien als Nahrung und fördert deren Ansiedlung. Ein gesundes Mikrobiom ist wichtig für das Immunsystem (siehe Seite 10).

# LINSEN-APFEL-SALAT MIT RADICCHIO

Ein aromatischer Gesund-Mix par excellence: Radicchio und Apfel treffen auf grüne Linsen, die Eisen und Zink als immunstärkende Helferlein beisteuern.

Für 2 Personen
Zubereitung: 35 Minuten

1 Möhre
1 Stange Staudensellerie
2 Zweige Thymian
1 kleiner Zweig Rosmarin
3 EL natives Olivenöl extra
125 g grüne Puy-Linsen
300 ml glutenfreie Gemüsebrühe
1 kleines Lorbeerblatt
1 säuerlicher Apfel (z. B. Elstar)
1 EL Zitronensaft
1 Frühlingszwiebel
1 kleiner Radicchio
4 Stiele Petersilie
30 g Rauchmandeln
2 EL Rotweinessig
1 TL glutenfreier Dijon-Senf
Salz, Pfeffer aus der Mühle

*Nährwerte pro Portion: ca. 530 kcal, 20 g EW, 27 g F, 42 g KH, 17 g BST*
*Reich an Vitamin K und Eisen*

+ Die Möhre schälen und klein würfeln. Sellerie putzen, waschen, das Grün beiseitelegen, die Stange klein würfeln. Thymian und Rosmarin waschen, trocken schütteln, die Blätter bzw. Nadeln abzupfen und fein hacken. In einem Topf 1 EL Öl erhitzen und Möhre und Sellerie darin bei mittlerer Hitze etwa 2 Minuten anbraten. Die Linsen und die Brühe dazugeben, Lorbeer und Kräuter hinzufügen, alles kurz aufkochen und mit geschlossenem Deckel bei milder Hitze etwa 20 Minuten garen, dabei ab und zu umrühren.

+ Inzwischen den Apfel waschen, vierteln, entkernen und in dünne Scheiben schneiden. Die Apfelscheiben sofort mit Zitronensaft beträufeln, damit sie sich nicht bräunlich verfärben. Die Frühlingszwiebel putzen, waschen und schräg in dünne Ringe schneiden. Vom Radicchio die äußeren Blätter entfernen. Den Salat in einzelne Blätter teilen, waschen, trocken schleudern und in mundgerechte Stücke zupfen. Die Petersilie waschen, trocken schütteln, die Blätter abzupfen und fein hacken. Das beiseitegelegte Selleriegrün in dünne Streifen schneiden. Die Mandeln grob hacken. Für die Vinaigrette Essig, Senf, Salz und Pfeffer verrühren und das übrige Öl gründlich unterschlagen.

+ Das Linsengemüse in ein Sieb abgießen und kurz ausdampfen lassen, den Lorbeer entfernen. Noch warm in der Vinaigrette wenden. Apfel, Frühlingszwiebel und Radicchio untermischen. Zum Servieren den Salat nochmals mit Salz und Pfeffer abschmecken, auf Teller oder Schalen verteilen und mit Petersilie, Selleriegrün und Mandeln bestreuen.

# SOMMERSALAT MIT FORELLE

Hier stand der Klassiker aus Nizza Pate: Dieser bunte Salat schmeckt nach Sommer am Meer – und liefert dabei jede Menge Vitamine und sekundäre Pflanzenstoffe.

Für 2 Personen
Zubereitung: 40 Minuten

2 Eier (Größe M)
150 g grüne Bohnen, Salz
½ Kopfsalat (ca. 200 g)
1 gelbe Spitzpaprikaschote
1 Mini-Salatgurke
4 kleine Strauchtomaten
125 g geräuchertes Forellenfilet (ohne Haut)
2 ½ EL Rotweinessig
½ TL glutenfreier Dijon-Senf
Pfeffer aus der Mühle
4 EL natives Olivenöl extra
½ Knoblauchzehe (für die Salatschalen)
30 g schwarze Oliven (ohne Stein)
2 EL gehackte Petersilie

*Nährwerte pro Portion: ca. 450 kcal, 25 g EW, 34 g F, 11 g KH, 5 g BST*
*Reich an Vitamin C und Eisen*

+ Die Eier in kochendem Wasser etwa 10 Minuten hart kochen, dann kalt abschrecken. Inzwischen die Bohnen putzen, waschen und halbieren. In kochendem Salzwasser 8 bis 10 Minuten bissfest garen. In ein Sieb abgießen, kalt abschrecken und gut abtropfen lassen.

+ Vom Salat die äußeren Blätter entfernen. Den Salat in einzelne Blätter teilen, waschen, trocken schleudern und in mundgerechte Stücke zupfen. Paprika längs halbieren, entkernen, waschen und quer in dünne Streifen schneiden. Gurke waschen und in dünne Scheiben schneiden. Die Tomaten waschen und vierteln, dabei die Stielansätze entfernen. Forellenfilet grob zerpflücken. Eier pellen und vierteln.

+ Für die Vinaigrette Essig, Senf, Salz und Pfeffer verquirlen und das Öl unterschlagen. Schalen mit dem halbierten Knoblauch ausreiben. Den Salat darin verteilen und Bohnen, Paprika, Gurke, Tomaten, Forelle und Eier darauf anrichten. Zum Servieren alles mit der Vinaigrette beträufeln und mit Oliven und Petersilie bestreuen. Nach Belieben pro Person 2 Scheiben Vollkornbaguette dazu reichen (dann ist das Gericht jedoch nicht mehr glutenfrei).

**Die Ernährungs-Docs**

Treiben Sie es beim Kochen ruhig bunt – möglichst mit saisonalem Gemüse und Obst aus ökologischem Anbau. Neben vielen Vitaminen und Mineralstoffen stecken in Pflanzenkost jede Menge sekundäre Pflanzenstoffe wie Chlorophyll, Lycopin oder Carotinoide. Diese bilden eine starke Truppe an natürlichen Bodyguards.

# MATJESSALAT MIT PAPAYA

Matjes kann auch anders: Hier kommt der fettgesunde junge Hering mit Papaya, Rucola und Chilidressing zur Abwechslung mal raffiniert-exotisch daher.

Für 2 Personen
Zubereitung: 25 Minuten

60 g Rucola
300 g Papaya
125 g Kirschtomaten
1 kleine rote Zwiebel
2–3 Matjesfilets (ca. 200 g)
1 EL Weißweinessig
Salz, Pfeffer aus der Mühle
2 EL natives Olivenöl extra
1 kleine rote Chilischote
4 Stiele Koriandergrün

*Nährwerte pro Portion: ca. 425 kcal, 18 g EW, 33 g F, 12 g KH, 4 g BST*
*Reich an Vitamin D und K*

+ Den Rucola verlesen, waschen und trocken schleudern, dabei grobe Stiele entfernen. Die Papaya halbieren, entkernen und schälen, das Fruchtfleisch in etwa ½ cm breite Streifen schneiden. Die Tomaten waschen und halbieren. Die Zwiebel schälen und fein würfeln. Die Matjesfilets waschen, trocken tupfen und quer in etwa 1 ½ cm breite Streifen schneiden.

+ Für die Vinaigrette Essig mit Salz und Pfeffer in einer Salatschüssel verrühren und das Öl unterschlagen. Die Chilischote längs halbieren, entkernen, waschen und in feine Würfel schneiden. Den Koriander waschen, trocken schütteln und die Blätter abzupfen, einige zum Garnieren beiseitelegen, den Rest grob hacken. Chili und Koriander unter die Vinaigrette rühren.

+ Zum Servieren Rucola, Papaya, Tomaten, Zwiebel und Matjes vorsichtig mit der Vinaigrette mischen. Den Salat auf Tellern anrichten und mit dem beiseitegelegten Koriandergrün bestreuen. Nach Belieben pro Person 2 Scheiben Vollkornbaguette oder 1 Scheibe Pumpernickel dazu reichen (dann ist das Gericht jedoch nicht mehr glutenfrei).

**Die Ernährungs-Docs**
Fettreiche Meeresfische wie Hering, Makrele, Lachs und Sardine enthalten reichlich mehrfach ungesättigte Omega-3-Fettsäuren. Diese wirken entzündungshemmend, verbessern die Blutwerte und sind wichtig für Gehirn, Herz, Nerven und Sehkraft. Da der Körper diese essenziellen Fettsäuren nicht selbst bilden kann, müssen wir sie über die Nahrung aufnehmen.

# QUINOASALAT MIT HÄHNCHEN

Eine fruchtig-frische Mischung, die topfit macht: Bei diesem Quinoasalat liefern würzige Hähnchenstücke eine Extraportion Eiweiß für die Immunzellen.

Für 2 Personen
Zubereitung: 35 Minuten
Garen: 14 Minuten

100 g bunte Quinoa, Salz
300 g Hähnchenbrustfilet
1 EL raffiniertes Rapskernöl
½ TL gemahlener Kreuzkümmel
½ TL rosenscharfes Paprikapulver
200 g Mangofruchtfleisch
300 g Salatgurke
½ Bund Petersilie, 3 Stiele Minze
2 EL Zitronensaft
2 TL flüssiger Honig
Chiliflocken (Pul Biber)
3 EL natives Olivenöl extra

*Nährwerte pro Portion: ca. 620 kcal, 43 g EW, 25 g F, 52 g KH, 6 g BST*
*Reich an Niacin und Eisen*

+ Die Quinoa in einem Sieb kalt abbrausen und abtropfen lassen. In einem Topf mit ¼ l Wasser und ½ TL Salz aufkochen und mit geschlossenem Deckel bei mittlerer Hitze 15 bis 20 Minuten garen. In ein Sieb abgießen, kurz abtropfen lassen und in einer Schüssel lauwarm abkühlen lassen.

+ Den Backofen auf 180 °C vorheizen. Das Fleisch waschen und trocken tupfen. Rapskernöl mit Kreuzkümmel und Paprikapulver mischen, das Fleisch damit rundum bestreichen. Eine Pfanne stark erhitzen und das Fleisch darin 1 bis 2 Minuten anbraten. In eine Auflaufform (ca. 15 x 20 cm) legen und im Ofen auf der 2. Schiene von unten 12 bis 14 Minuten garen. Herausnehmen und warm halten.

+ Inzwischen das Mangofruchtfleisch in etwa 1 cm große Würfel schneiden. Die Gurke waschen und streifig schälen, dann längs halbieren, entkernen und würfeln. Petersilie und Minze waschen, trocken schütteln, Blätter abzupfen und fein hacken. Zum Servieren Quinoa mit Zitronensaft, Honig, etwas Salz und Chili mischen. Mango, Gurke, Kräuter und Olivenöl unterrühren. Das Hähnchenfilet schräg in Scheiben schneiden und mit dem Salat auf Tellern anrichten.

**Die Ernährungs-Docs**
Quinoa ist super für die Abwehrkräfte. Das glutenfreie Pseudogetreide stärkt den Darm und wirkt dank Vitamin E und Alpha-Linolensäue (ALA) entzündungshemmend. Außerdem enthält Quinoa reichlich Vitamin $B_6$, das als Bestandteil von Coenzymen unsere Immunzellen effektiv bei ihrer Abwehrarbeit unterstützt.

# BUNTE INGWER-SHOTS

Der Hals kratzt? Eine Erkältung ist im Anflug? Dann nichts wie ran an den Mixer und mit frischem Ingwer einen Immunbooster zaubern. In Kombination mit Apfel, Möhre, Spinat oder Granatapfel – wie es Ihnen gefällt. Die vitaminreichen Mini-Drinks sind nicht nur lecker, sondern wegen der Scharfstoffe auch supergesund.

## INGWER-APFEL-SHOT

Für 1 Fläschchen (ca. 300 ml Inhalt; 5 Shots): **50 g Ingwer** und **20 g Kurkumawurzel** schälen und fein würfeln. **1 säuerlichen Apfel** (z. B. Elstar; ca. 125 g) waschen, vierteln, entkernen und klein würfeln. Mit Ingwer, Kurkuma, dem **Saft von 2 Zitronen** und 50 ml Wasser im Mixer erst auf niedriger, dann auf höchster Stufe pürieren. In eine saubere Flasche füllen und verschließen. Hält sich gekühlt bis zu 5 Tage.

*Nährwerte pro Shot (ca. 60 ml):*
*ca. 40 kcal, 0 g EW, 0 g F, 5 g KH, 1 g BST. Reich an Vitamin C*

## MÖHREN-INGWER-SHOT

Für 1 Fläschchen (ca. 300 ml Inhalt; 5 Shots): **50 g Ingwer** schälen und fein würfeln. **1 Möhre** putzen, schälen und fein reiben (ersatzweise 75 ml Möhrensaft verwenden). Beides mit dem **Saft von 2 Orangen (ca. 200 ml)** im Mixer erst auf niedriger, dann auf höchster Stufe fein pürieren. In eine saubere Flasche füllen, gut verschließen und gekühlt aufbewahren. Hält sich bis zu 5 Tage.

*Nährwerte pro Shot (ca. 60 ml):*
*ca. 30 kcal, 0 g EW, 0 g F, 5 g KH, 1 g BST*
*Reich an Beta-Carotin*

## INGWER-SPINAT-SHOT

Für 1 Fläschchen (ca. 300 ml Inhalt; 5 Shots): **50 g Ingwer** schälen und fein würfeln. **1 Kiwi** schälen und klein schneiden. **1 kleine grüne Birne** waschen, vierteln, entkernen und würfeln. **30 g jungen Spinat** verlesen, waschen und trocken schütteln, die groben Stiele entfernen. Alles mit dem **Saft von 2 Zitronen** im Mixer erst auf kleiner, dann auf höchster Stufe fein pürieren. In eine saubere Flasche füllen und verschließen. Hält sich gekühlt bis zu 5 Tage.

*Nährwerte pro Shot (ca. 60 ml):*
*ca. 40 kcal, 1 g EW, 0 g F, 6 g KH, 2 g BST*
*Reich an Vitamin K*

## GRANATAPFEL-INGWER-SHOT

Für 1 Fläschchen (ca. 300 ml Inhalt; 5 Shots): **50 g Ingwer** schälen und fein würfeln. **1 Granatapfel** halbieren und auspressen. Den Saft und 50 g ausgepresste Granatapfelkerne (den Rest anderweitig verwenden), Ingwer, **Saft von 1 Zitrone, 100 ml Rote-Bete-Saft** und **1 EL flüssigen Honig** im Mixer erst auf kleiner, dann auf höchster Stufe pürieren. In eine Flasche füllen, verschließen und im Kühlschrank aufbewahren. Hält sich bis zu 5 Tage.

*Nährwerte pro Shot (ca. 60 ml):*
*ca. 50 kcal, 1 g EW, 0 g F, 10 g KH, 1 g BST*
*Reich an Vitamin C*

# TOMATENKALTSCHALE MIT MOZZARELLASPIESSEN

Ein leuchtendes Beispiel für gesunden Genuss. Der rote Farbstoff der Tomaten gilt als kraftvoller Helfer im Kampf gegen freie Radikale.

Für 2 Personen:
Zubereitung: 30 Minuten
Garen: 30 Minuten
Kühlen: 2 Stunden

2 Schalotten, 1 Knoblauchzehe
20 g Ingwer, 1 rote Chilischote
400 g Eiertomaten
1 kleine Bio-Orange
1 EL kalt gepresstes Rapskernöl
1 TL Tomatenmark, ¼ l Tomatensaft
Salz, Pfeffer aus der Mühle
6 kleine gelbe Kirschtomaten
6 große Blätter Basilikum
4 Mini-Mozzarellakugeln (45 % Fett i. Tr.)
4 kleine Holzspieße

*Nährwerte pro Portion: ca. 180 kcal, 6 g EW, 8 g F, 18 g KH, 4 g BST*
*Reich an Vitamin C*

+ Schalotten, Knoblauch und Ingwer schälen und fein würfeln. Chili längs halbieren, entkernen, waschen und fein würfeln. Eiertomaten waschen und grob schneiden, dabei die Stielansätze entfernen. Orange heiß waschen, abtrocknen und 2 Schalenstreifen dünn abschälen. Danach die Orange halbieren und den Saft auspressen. Schalotten, Knoblauch, Ingwer und Chili in einem Topf im Öl bei mittlerer Hitze 2 bis 3 Minuten dünsten. Tomatenstücke und -mark dazugeben und kurz mitdünsten. Tomatensaft, 100 ml Wasser und Orangenschale hinzufügen und alles mit Salz und Pfeffer würzen. Suppe mit geschlossenem Deckel aufkochen, dann offen bei mittlerer Hitze etwa 30 Minuten garen.

+ Anschließend Orangenschale wieder entfernen. Suppe mit dem Stabmixer fein pürieren, durch ein Sieb streichen und mit Orangensaft verrühren, etwa 2 Stunden kühl stellen. Gelbe Tomaten waschen, Basilikumblätter abreiben, Mozzarella abwechselnd mit Tomaten und Basilikum auf die Holzspieße stecken. Die Suppe mit Salz und Pfeffer abschmecken und in Schalen mit den Spießen anrichten.

**Die Ernährungs-Docs**
Der hohe Anteil an Lycopin macht Tomaten so gesund – und leuchtend rot oder gelb. Das zu den Carotinoiden zählende Lycopin kann freie Radikale neutralisieren, wirkt entzündungshemmend und immunstärkend. Übrigens: Aus gegarten und pürierten Tomaten kann Lycopin vom Körper deutlich besser aufgenommen werden – deshalb ruhig mal wieder Sugo kochen!

# LAUCH-SPINAT-SUPPE MIT PILZ-CROÛTONS

Hier gibt Grün den Ton an: Der cremigen Suppe aus Lauch und Spinat geben würzige Pilz-Croûtons knusprigen Biss.

Für 2 Personen
Zubereitung: 35 Minuten

1 Zwiebel
2 Stangen Lauch (ca. 500 g)
2 ½ EL natives Olivenöl extra
Salz, Pfeffer aus der Mühle
700 ml Gemüsebrühe
80 g braune Champignons
1 Zweig Rosmarin
1 Scheibe Vollkornbrot (ca. 50 g)
2 TL Butter
100 g junger Spinat
150 g saure Sahne (10 % Fett)
1–2 TL Zitronensaft

*Nährwerte pro Portion: ca. 490 kcal, 11 g EW, 38 g F, 21 g KH, 9 g BST*
*Reich an Folsäure und Eisen*

+ Zwiebel schälen und fein würfeln. Lauch putzen, längs halbieren, gründlich waschen und in dünne Halbringe schneiden. Beides in einem Topf in 2 EL Öl bei mittlerer Hitze 2 bis 3 Minuten andünsten, salzen und pfeffern. Die Brühe dazugießen, alles mit geschlossenem Deckel aufkochen und bei mittlerer Hitze etwa 15 Minuten garen.

+ Inzwischen Pilze putzen, trocken abreiben und vierteln. Rosmarin waschen, trocken schütteln, die Nadeln abzupfen und fein hacken. Brot etwa 1 cm groß würfeln. Pilze und Rosmarin in einer Pfanne im übrigen Öl bei mittlerer Hitze etwa 3 Minuten braten, bis die Flüssigkeit eingekocht ist. Brotwürfel mit der Butter hinzufügen und etwa 2 Minuten mitbraten. Pilz-Crôutons mit Salz würzen und warm halten.

+ Spinat verlesen, waschen und trocken tupfen. Einige Spinatblätter beiseitelegen, den Rest mit saurer Sahne zur Suppe geben und alles fein pürieren. Mit Salz, Pfeffer und Zitronensaft abschmecken, auf Schalen verteilen und mit Pilz-Croûtons und beiseitegelegtem Spinat bestreuen.

**Die Ernährungs-Docs**
Die einen sagen Lauch, die anderen Porree: Gemeint sind aber immer dieselben schlanken Stangen, die zu den Zwiebelgewächsen gehören. Ihre charakteristische Würze verdanken sie den darin üppig vorkommenden ätherischen Senfölen, die antibakteriell wirken, das Mikrobiom stärken und bei Erkältungsbeschwerden einen lindernden Effekt haben.

# HÜHNERSUPPE MIT NUDELN UND GRÜNEM GEMÜSE

So köstlich und so gesund: Die aromatische Hühnersuppe bringt Löffel für Löffel neue Energie und pusht die Immunzellen mit Mineral- und Vitalstoffen.

Für 2 Personen
Zubereitung: 1 Stunde 30 Minuten

1 Bund Suppengrün (ca. 250 g)
1 kleine Zwiebel
2 Hähnchenkeulen (à ca. 250 g)
Salz
1 Lorbeerblatt
2 Wacholderbeeren
200 g Brokkoliröschen
100 g Zuckerschoten
100 g tiefgekühlte Erbsen
50 g Vollkornsuppennudeln
20 g Kerbel
Pfeffer aus der Mühle
frisch geriebene Muskatnuss

*Nährwerte pro Portion: ca. 380 kcal, 42 g EW, 6 g F, 32 g KH, 13 g BST*
*Reich an Niacin und Zink*

+ Das Suppengrün putzen und waschen, Möhre und Sellerie schälen und grob schneiden, Lauch in Ringe schneiden. Die Zwiebel putzen und samt Schale halbieren. Die Hähnchenkeulen waschen und trocken tupfen.

+ In einen großen Topf Suppengrün, Zwiebel, Hähnchenkeulen, 1 TL Salz, Lorbeer und Wacholder geben und mit 1 ¼ l kaltem Wasser bedecken. Alles mit geschlossenem Deckel aufkochen und offen bei milder bis mittlerer Hitze etwa 1 Stunde leise köcheln lassen. Inzwischen den Brokkoli putzen und waschen. Die Zuckerschoten putzen, waschen und schräg halbieren. Die Erbsen antauen lassen.

+ Die Hähnchenkeulen aus der Brühe nehmen. Die Brühe durch ein mit einem Mulltuch ausgelegtes Sieb in einen Topf gießen und erneut aufkochen. Die Nudeln darin mit Brokkoli und Zuckerschoten nach Packungsanweisung etwa 5 Minuten bissfest garen.

+ Währenddessen die Hähnchenkeulen häuten, das Fleisch von den Knochen lösen und in 1 bis 2 cm große Stücke schneiden. Das Hähnchenfleisch mit den Erbsen zur Suppe geben und darin wieder erhitzen.

+ Zum Servieren den Kerbel waschen, trocken schütteln, die Blätter abzupfen und grob hacken. Die Hühnersuppe mit Salz, Pfeffer und Muskatnuss abschmecken, auf tiefe Teller oder Schalen verteilen und mit Kerbel bestreuen.

# SPARGEL-FRITTATA MIT WILDKRÄUTERSALAT

Dieses italienische Omelett mit Spargel und Tomaten ist ein echter Frühlingshit – und das wilde Wiesengrün dazu kurbelt den Stoffwechsel an.

Für 2 Personen
Zubereitung: 45 Minuten
Garen: 20 Minuten

5 Eier (Größe M), 100 ml Milch (1,5 % Fett)
40 g geriebener Parmesan
Salz, Pfeffer aus der Mühle
1 TL getr. Oregano
500 g grüner Spargel, 3 Frühlingszwiebeln
100 g Kirschtomaten
3 EL natives Olivenöl extra
150 g gemischte Wildkräuter
(z. B. junger Löwenzahn, Giersch, Brennnesseln, Gänseblümchen; ersatzweise Frankfurter-Grüne-Sauce-Kräuter)
2 EL Weißweinessig

*Nährwerte pro Portion: ca. 560 kcal, 35 g EW, 36 g F, 19 g KH, 8 g BST*
*Reich an Vitamin $B_2$, Eisen und Zink*

+ Den Backofen auf 180 °C vorheizen. Eier, Milch und 20 g Parmesan verquirlen, mit Salz, Pfeffer und Oregano würzen. Spargel waschen und im unteren Drittel schälen, die holzigen Enden abschneiden. Die Stangen schräg in 1 bis 2 cm breite Stücke schneiden. Die Frühlingszwiebeln putzen, waschen, Weißes und Hellgrünes schräg in etwa 2 cm lange Stücke schneiden. Die Tomaten waschen und halbieren.

+ In einer ofenfesten Pfanne (ca. 24 cm Durchmesser) 1 EL Öl erhitzen und den Spargel darin bei mittlerer Hitze etwa 4 Minuten andünsten. Frühlingszwiebeln dazugeben und kurz mitdünsten, salzen und pfeffern. Eier-Mix darübergießen, bei mittlerer Hitze etwa 2 Minuten braten und mit Tomaten und übrigem Parmesan belegen. Im Ofen auf der mittleren Schiene etwa 20 Minuten stocken lassen.

+ Inzwischen Wildkräuter waschen, trocken schütteln, Blätter abzupfen. Essig, Salz, Pfeffer und übriges Öl verrühren und die Vinaigrette mit Kräutern mischen. Die Frittata aus dem Ofen nehmen und mit dem Wildkräutersalat anrichten.

**Die Ernährungs-Docs**
Ob Brennnessel, Gänseblümchen, Giersch, Sauerampfer oder Löwenzahn: All diese Wildkräuter sind zugleich immunstärkende Heilpflanzen. Sie liefern das Fünf- bis Zehnfache an Inhaltsstoffen wie Kulturpflanzen: Vitamine, Mineralstoffe, ätherische Öle, Glykoside, Flavonoide und nicht zuletzt viele Bitterstoffe, die Leber und Galle kräftigen, sind darin enthalten.

SUPER
IMMUNBOOSTER

# OFENWURZELN MIT DATTEL-WALNUSS-DIP

Immunhelden vom Blech: Gebackenes Wurzelgemüse mit einer fruchtig-herben Frischkäsecreme ist in der kalten Jahreszeit ein echter Bauch- und Seelenschmeichler.

Für 2 Personen
Zubereitung: 30 Minuten
Garen: 30 Minuten

je 250 g Pastinaken und Möhren
300 g Rote Bete
2 EL raffiniertes Rapskernöl
Salz, Pfeffer aus der Mühle
1 TL getr. Thymian
30 g Walnusskerne
2 getr. Soft-Datteln
100 g Frischkäse (Halbfettstufe)
100 g Naturjoghurt (1,5 % Fett)
1 TL Ras el-Hanout
1 TL Zitronensaft
4 Stiele Petersilie

*Nährwerte pro Portion: ca. 470 kcal, 15 g EW, 25 g F, 41 g KH, 10 g BST*
*Reich an Beta-Carotin und Eisen*

+ Den Backofen auf 220 °C vorheizen. Ein Backblech mit Backpapier belegen. Pastinaken und Möhren putzen, schälen und längs vierteln. Rote Bete schälen, größere Exemplare halbieren, die Rote Bete in etwa 1 cm dicke Scheiben schneiden (dabei am besten Einweghandschuhe tragen, da die Knollen stark abfärben!). In einer Schüssel Öl, Salz, Pfeffer und Thymian verrühren, das Gemüse damit mischen und gleichmäßig auf dem Blech verteilen. Im Ofen auf der mittleren Schiene 25 bis 30 Minuten garen. Herausnehmen und sofort servieren.

+ Inzwischen für den Dip die Nüsse hacken und in einer Pfanne ohne Fett bei mittlerer Hitze hell rösten. Herausnehmen und abkühlen lassen. Datteln klein hacken und mit Nüssen, Frischkäse, Joghurt und Ras el-Hanout fein pürieren. Mit Zitronensaft, Salz und Pfeffer würzen.

+ Zum Servieren die Petersilie waschen, trocken schütteln, die Blätter abzupfen und fein hacken. Den Dip mit der Petersilie bestreuen und zum Ofengemüse servieren.

**Die Ernährungs-Docs**
Rote Bete ist echtes Powerfood. Ihre intensive Farbe verdankt sie der hohen Konzentration an Betaninen, natürlichen Pflanzenfarbstoffen, die stark antioxidativ wirken, also vor Zellschäden und -veränderungen schützen und so Krebserkrankungen vorbeugen. Zudem stimulieren sie Gallenblase und Leberzellen, stärken das Immunsystem und schützen uns vor Infektionen.

# ORIENTALISCHE HACKBÄLLCHEN MIT TOMATENSALAT

Mini-Buletten aus Rinderhack mit Kreuzkümmel, Kurkuma und Co. kommen in der Grillpfanne ganz groß raus. Dazu gibt es Tomaten und Chilijoghurt für die Frische.

Für 2 Personen
Zubereitung: 40 Minuten

2 Schalotten, 1 Knoblauchzehe
1 Bund Petersilie
250 g mageres Rinderhackfleisch
2 EL Vollkornbrösel, 1 Eigelb
1 TL gemahlener Kreuzkümmel
½ TL gemahlene Kurkuma
Salz, Pfeffer aus der Mühle
600 g kleine Strauchtomaten
1 EL Aceto balsamico
2 EL natives Olivenöl extra
100 g Naturjoghurt (3,5 % Fett)
½ TL Chiliflocken (Pul Biber)
1 EL raffiniertes Rapskernöl, 4 Holzspieße

*Nährwerte pro Portion: ca. 570 kcal, 34 g EW, 39 g F, 19 g KH, 6 g BST*
*Reich an Vitamin $B_{12}$ und Eisen*

+ Für die Hackbällchen 1 Schalotte und Knoblauch schälen und fein würfeln. Petersilie waschen, trocken schütteln, Blätter abzupfen und fein hacken. Hackfleisch mit Schalotte, Knoblauch, der Hälfte der Petersilie, Vollkornbröseln und Eigelb in eine Schüssel geben, mit Kreuzkümmel, Kurkuma, Salz und Pfeffer würzen und verkneten. Aus der Masse mit angefeuchteten Händen 12 Bällchen formen, je 3 Stück auf einen Holzspieß stecken, etwa 15 Minuten kühl stellen.

+ Inzwischen die Tomaten waschen und in Spalten schneiden, dabei die Stielansätze entfernen. Übrige Schalotte schälen, halbieren und in Streifen schneiden. Tomaten, Schalotte und übrige Petersilie mit Salz, Pfeffer, Essig und Olivenöl mischen. Den Joghurt mit Salz und Chili verrühren.

+ Eine Grillpfanne mit dem Rapskernöl einfetten und erhitzen. Die Hackbällchenspieße darin bei starker Hitze etwa 5 Minuten rundum braun anbraten. Dann bei mittlerer Hitze noch etwa 5 Minuten fertig braten. Die Spieße warm oder abgekühlt mit dem Tomatensalat und Dip anrichten.

**Die Ernährungs-Docs**

Chili, Knoblauch und Kreuzkümmel bringen Aroma ins Hackfleisch. Aber sie können noch mehr: Ihre ätherischen Ölen stärken unser Immunsystem, indem sie Verdauungssäfte und Stoffwechsel anregen und gleichzeitig von innen wärmen. So „heizen" sie auch den Viren mächtig ein, die für grippale Infekte verantwortlich sind.

# HAUPTGERICHTE

Buntes Gemüse-Hirsotto, Fenchel-Paprika-Pizza, Lachs auf Senf-Rahm-Wirsing: Wer sich mit unseren Rezepten durch die Gemüseabteilung isst, macht sein Immunsystem glücklich. Denn sie liefern Mikronährstoffe satt – wie Vitamine, Mineralstoffe, Spurenelemente und viele sekundäre Pflanzenstoffe. Dazu gute Fette, Eiweiß und komplexe Carbs. Eine schlagkräftige Truppe, die jeder einzelnen Körperzelle die Kraft gibt, die Ihre Gesundheit braucht.

# SPAGHETTI MIT MÖHRENSAUCE UND RADICCHIO

Feinherbe Artischocken, leicht bitterer Radicchio und eine cremig-süße Möhrensauce: Dieser aromatische Pasta-Mix überzeugt nicht nur Vegetarier. Wetten?

Für 2 Personen
Zubereitung: 30 Minuten

200 g Dinkelvollkornspaghetti
Salz
2 Stiele Salbei
1 kleine Zwiebel
200 g Artischockenherzen (aus der Dose)
1 kleiner Radicchio (ca. 175 g)
40 g schwarze Oliven (ohne Stein)
2 EL natives Olivenöl extra
¼ l Möhrensaft
100 g Ricotta (mind. 42 % Fett i. Tr.)
Pfeffer aus der Mühle

*Nährwerte pro Portion: ca. 670 kcal, 22 g EW, 26 g F, 74 g KH, 24 g BST*
*Reich an Vitamin $B_1$ und Eisen*

+ Die Nudeln in reichlich kochendem Salzwasser nach Packungsanweisung bissfest garen. Salbei waschen, trocken schütteln, Blätter abzupfen. Zwiebel schälen und fein würfeln. Artischocken halbieren oder vierteln. Radicchio vierteln, äußere Blätter und harten Strunk entfernen. Salat in einzelne Blätter teilen, waschen, trocken schleudern und in etwa 1 cm breite Streifen schneiden. Oliven grob hacken.

+ Das Öl in einer Pfanne erhitzen und den Salbei darin bei mittlerer Hitze 1 bis 2 Minuten knusprig braten. Herausnehmen und auf Küchenpapier abtropfen lassen. Zwiebel im verbliebenen Öl bei mittlerer Hitze glasig dünsten. Möhrensaft dazugießen und aufkochen. Ricotta hinzufügen und bei milder Hitze unter Rühren etwa 5 Minuten köcheln lassen. Sauce mit Salz und Pfeffer abschmecken, Artischocken und zwei Drittel des Radicchios untermischen. Nudeln in ein Sieb abgießen und kurz abtropfen lassen, tropfnass unter die Sauce mischen. Zum Servieren die Pasta auf Teller verteilen und mit dem restlichen Radicchio garnieren. Mit den Oliven und den gebratenen Salbeiblättern bestreuen.

**Die Ernährungs-Docs**

Möhrensaft ist noch gesünder als rohe Möhren! Denn das reichlich enthaltene Beta-Carotin wird nur freigesetzt, wenn man die Wurzeln entsaftet, fein raspelt oder kurz erhitzt. Noch besser: Geben Sie etwas Öl zu den zerkleinerten Möhren, denn Beta-Carotin ist die Vorstufe des fettlöslichen Vitamin A und wird so vom Körper leichter aufgenommen.

# PENNE MIT PILZ-TOMATEN-RAGOUT

Pilze gehen mit Nudeln, Tomaten und Erbsen eine würzige Liaison ein und sind mehr als Fleischersatz – sie liefern viele B-Vitamine, ohne die im Körper nichts läuft.

Für 2 Personen
Zubereitung: 40 Minuten

400 g gemischte Pilze (z. B. Austernpilze, Champignons, Kräuterseitlinge)
1 Zwiebel
1 Knoblauchzehe
1 rote Peperonischote (Pfefferschote)
1 Zweig Rosmarin
4 Stiele Petersilie
20 g italien. Hartkäse (z. B. Grana padano)
160 g Vollkorn-Penne
Salz
200 g tiefgekühlte Erbsen
3 EL raffiniertes Olivenöl
1 Dose Kirschtomaten (400 g)
Pfeffer aus der Mühle

*Nährwerte pro Portion: ca. 640 kcal, 30 g EW, 21 g F, 70 g KH, 25 g BST*
*Reich an Niacin, Eisen und Zink*

+ Die Pilze putzen, trocken abreiben und grob schneiden. Zwiebel und Knoblauch schälen und in feine Würfel schneiden. Die Pfefferschote längs halbieren, entkernen, waschen und fein würfeln. Rosmarin und Petersilie waschen, trocken schütteln, die Nadeln bzw. Blätter abzupfen und fein hacken. Den Käse fein reiben.

+ Die Nudeln in reichlich kochendem Salzwasser nach Packungsanweisung bissfest garen. Etwa 2 Minuten vor Ende der Garzeit die tiefgekühlten Erbsen dazugeben und noch kurz mitgaren.

+ Inzwischen 2 EL Öl in einer Pfanne erhitzen und die Pilze darin bei starker Hitze etwa 2 Minuten anbraten. Dann bei mittlerer Hitze noch 4 bis 5 Minuten weiterbraten, bis die ausgetretene Flüssigkeit eingekocht ist. Das restliche Öl mit Zwiebel, Knoblauch und Pfefferschote dazugeben und alles noch etwa 2 Minuten mitbraten.

+ Anschließend die Tomaten hinzufügen. Alles aufkochen und offen bei milder Hitze etwa 5 Minuten einkochen. Zuletzt die Kräuter untermischen und das Ragout mit Salz und Pfeffer abschmecken.

+ Zum Servieren die Nudel-Erbsen-Mischung in ein Sieb abgießen und kurz abtropfen lassen, dann tropfnass zum Ragout geben. Die Hälfte des Käses hinzufügen und kurz untermischen. Die Pasta auf Teller verteilen und mit etwas Pfeffer und dem restlichen Käse bestreuen.

# GEMÜSEBRATREIS MIT HALLOUMI

Bunt, gesund und ein echter Sattmacher: Zum gebratenen Reis mit Ajvar und mediterranen Aromen gibt es Grill-Halloumi und grüne Mini-Paprikaschoten.

Für 2 Personen
Zubereitung: 1 Stunde

125 g Vollkornreis, Salz
1 rote Zwiebel
1 Knoblauchzehe
1 rote Paprikaschote
1 gelbe Zucchini (ca. 200 g)
3 EL raffiniertes Rapskernöl
1 ½ EL scharfes Ajvar (Paprikapaste)
1 TL getr. Thymian
Pfeffer aus der Mühle
100 g Halloumi-Grillkäse
100 g Pimientos de Padrón (Bratpaprikaschoten)
2 EL gehackte Petersilie

*Nährwerte pro Portion: ca. 625 kcal, 23 g EW, 33 g F, 56 g KH, 6 g BST*
*Reich an Vitamin K, Eisen und Zink*

+ Eventuell am Vortag den Reis in einem Topf mit ¼ l Salzwasser mit geschlossenem Deckel bei milder Hitze nach Packungsanweisung 35 bis 40 Minuten bissfest garen. Vom Herd nehmen und offen ausdampfen lassen. Inzwischen Zwiebel schälen, halbieren und in dünne Streifen schneiden. Knoblauch schälen und fein würfeln. Die Paprika längs halbieren, entkernen, waschen und etwa 1 ½ cm groß würfeln. Die Zucchini putzen, waschen und etwa 2 cm groß würfeln.

+ Zwiebel und Knoblauch in einer Pfanne in 2 EL Öl etwa 3 Minuten anbraten. Paprika und Zucchini hinzufügen und unter Wenden etwa 3 Minuten mitbraten. Reis dazugeben und alles unter Rühren weitere 5 Minuten kräftig braten. Den Bratreis mit Ajvar, Thymian, Salz und Pfeffer würzen und bei milder Hitze noch etwa 5 Minuten ziehen lassen.

+ Währenddessen den Halloumi etwa 1 ½ cm groß würfeln. Pimientos waschen und abtropfen lassen. Beides in einer Grillpfanne im übrigen Öl 4 bis 5 Minuten rundum scharf anbraten. Zum Servieren die Hälfte der Petersilie unter den Bratreis mischen, auf Teller verteilen, Halloumi-Mix daraufsetzen und mit der übrigen Petersilie bestreuen.

**Die Ernährungs-Docs**
Ob rot, grün oder gelb – Paprikaschoten bringen frohe Farben und reichlich Vitamin C auf den Teller. Schon eine halbe Paprikaschote und 1 Glas Orangensaft reichen aus, um unseren Tagesbedarf an Vitamin C zu decken. Weiteres Plus: Paprikaschoten liefern jede Menge Carotinoide, die antioxidativ und zellschützend wirken, und stärken so das Immunsystem.

# GRÜNKERN-ROSENKOHL-CHILI

Powerfood mit viel Eiweiß und Eisen: Bei diesem feurigen Eintopf mit Rosenkohl, Tomaten und Kidneybohnen vermisst garantiert niemand Fleisch.

Für 2 Personen
Zubereitung: 45 Minuten

1 rote Zwiebel, 1 Knoblauchzehe
1 rote Chilischote
300 g Rosenkohl, 100 g Möhren
2 EL natives Olivenöl extra
75 g geschroteter Grünkern
2 TL Chilipulver
1 TL gemahlener Kreuzkümmel
200 g stückige Tomaten (aus der Dose)
600 ml Gemüsebrühe
1 Dose Kidneybohnen
(250 g Abtropfgewicht)
6 Stiele Petersilie
Salz, Pfeffer aus der Mühle
2 EL Limettensaft
2 EL saure Sahne (10 % Fett)

*Nährwerte pro Portion: ca. 490 kcal, 16 g EW, 24 g F, 44 g KH, 16 g BST*
*Reich an Vitamin C und Eisen*

+ Zwiebel und Knoblauch schälen und fein würfeln. Chili längs halbieren, entkernen, waschen und klein würfeln. Rosenkohl putzen und äußere Blätter entfernen, Rosenkohl waschen und halbieren, den Strunk jeweils einschneiden. Möhren putzen, schälen und etwa 1 cm groß würfeln.

+ Zwiebel, Knoblauch und Chili in einem Topf im Öl bei mittlerer Hitze 2 bis 3 Minuten andünsten. Grünkern, Rosenkohl und Möhren dazugeben, mit Chilipulver und Kreuzkümmel würzen und kurz andünsten. Tomatenstücke und Brühe dazugeben, alles aufkochen und mit geschlossenem Deckel bei milder bis mittlerer Hitze etwa 15 Minuten garen, dabei ab und zu umrühren. Inzwischen die Bohnen in einem Sieb abbrausen und gut abtropfen lassen, danach unter das Gemüse rühren. Alles nochmals kurz aufkochen und etwa 5 Minuten garen.

+ Zum Servieren die Petersilie waschen, trocken schütteln, die Blätter abzupfen und grob hacken. Das Chili mit Salz, Pfeffer und Limettensaft abschmecken und auf tiefe Teller oder Schalen verteilen. Mit saurer Sahne und gehackter Petersilie toppen.

**Die Ernährungs-Docs**
Grünkern (frühreif geernter und gedarrter Dinkel) steckt voller gesunder Nährstoffe. Mit rund 12 Gramm Eiweiß und 4,2 Milligramm Eisen pro 100 Gramm ist er ein echter Immunbooster. Außerdem liefert Grünkern jede Menge Ballaststoffe und gilt als sehr vitamin- und mineralstoffreich. Dank seines kräftigen, herzhaften Geschmacks ist er auch ideal für Bratlinge.

# BUNTES GEMÜSE-HIRSOTTO

Mit schönen Grüßen aus der Ayurveda-Küche: Die vitamin- und ballaststoffreiche Hirse kommt hier kokoscremig mit viel Gemüse und orientalischen Gewürzen daher.

Für 2 Personen
Zubereitung: 35 Minuten

100 g Hirse
1 Zwiebel
2 TL natives Kokosöl
1 TL Currypulver
½ TL gemahlene Kurkuma
200 ml glutenfreie Gemüsebrühe
1 rote Paprikaschote
1 große Möhre (ca. 100 g)
200 g Brokkoli
200 ml cremige Kokosmilch (aus der Dose)
Salz, Pfeffer aus der Mühle
2 TL Limettensaft
2 TL dunkle Sesamsamen

*Nährwerte pro Portion: ca. 540 kcal, 13 g EW, 31 g F, 49 g KH, 8 g BST*
*Reich an Vitamin C, K und Eisen*

+ Die Hirse in einem Sieb so lange abbrausen, bis das ablaufende Wasser klar ist. Die Zwiebel schälen und fein würfeln, in einem Topf im Öl bei mittlerer Hitze 2 bis 3 Minuten andünsten. Mit Curry und Kurkuma bestäuben, die Hirse dazugeben und kurz mitdünsten. Die Brühe dazugießen, alles aufkochen und mit geschlossenem Deckel bei mittlerer Hitze etwa 10 Minuten köcheln lassen.

+ Inzwischen die Paprika längs halbieren, entkernen, waschen und etwa 1 cm groß würfeln. Möhre putzen, schälen und schräg in dünne Scheiben schneiden. Brokkoli putzen, waschen und in Röschen teilen, Stiele schälen und würfeln.

+ Das Gemüse nach etwa 10 Minuten Garzeit zum Hirsotto geben und Kokosmilch und 50 ml Wasser unterrühren. Alles nochmals aufkochen und danach offen bei milder Hitze weitere 10 Minuten köcheln lassen, bis das Hirsotto cremig ist, dabei ab und zu umrühren. Mit Salz, Pfeffer und Limettensaft abschmecken.

+ Zum Servieren das Hirsotto auf tiefe Teller oder Schalen verteilen und mit dem Sesam bestreuen.

**Die Ernährungs-Docs**
Kurkuma (Gelbwurzel) ist ein fester Bestandteil von Currymischungen und wird in der ayurvedischen Medizin seit Jahrtausenden als Heilmittel eingesetzt. Ihr wichtigster Wirkstoff ist Curcumin, das nicht nur für die sattgelbe Farbe der Wurzel sorgt, sondern auch verschiedene Signalwege in den Zellen modulieren und dadurch immunsteigernd wirken soll.

# KÜRBISBRATLINGE MIT LAUCHGEMÜSE

Eine runde Sache: Kürbis kommt hier als gute Beta-Carotin-Quelle aus der Pfanne. Dazu gibt es Lauchgemüse mit viel Zink und einen proteinreichen Quarkdip.

Für 2 Personen
Zubereitung: 1 Stunde

600 g Butternusskürbis, Salz
100 g milder Bergkäse (mind. 30 % Fett i. Tr.)
1 Bund Schnittlauch
250 g Magerquark
50 ml Mineralwasser (mit Kohlensäure)
Pfeffer aus der Mühle
2 EL Vollkornbrösel
2 Eier (Größe M)
3 EL kalt gepresstes Rapskernöl
1 Stange Lauch (ca. 300 g)
350 g kleine Zucchini
1 TL getr. Thymian

*Nährwerte pro Portion: ca. 670 kcal, 52 g EW, 35 g F, 29 g KH, 12 g BST*
*Reich an Beta-Carotin und Eisen*

+ Den Kürbis putzen, schälen und die Kerne mit einem Löffel entfernen. Das Kürbisfleisch auf der Gemüsereibe grob raspeln und in einer Schüssel mit 1 TL Salz mischen, etwa 15 Minuten ziehen lassen.

+ Inzwischen den Käse reiben. Für den Dip den Schnittlauch waschen, trocken schütteln und in feine Röllchen schneiden. Quark und Mineralwasser glatt rühren, salzen und pfeffern, zwei Drittel des Schnittlauchs untermischen.

+ Die Kürbisraspel in einem sauberen Küchentuch kräftig ausdrücken. In einer Schüssel mit Käse, Vollkornbröseln, Eiern, Salz und Pfeffer gründlich mischen. Aus der Masse mit angefeuchteten Händen 6 Bratlinge formen und in einer großen beschichteten Pfanne in 2 EL Öl bei mittlerer Hitze auf jeder Seite etwa 10 Minuten goldbraun braten.

+ Inzwischen Lauch und Zucchini putzen, waschen und separat in etwa 1 cm breite Scheiben schneiden. Das übrige Öl in einem breiten Topf erhitzen und den Lauch darin bei mittlerer Hitze 2 bis 3 Minuten anbraten. Die Zucchini dazugeben und noch 4 bis 5 Minuten mitgaren. Mit Thymian, Salz und Pfeffer kräftig würzen.

+ Zum Servieren die Bratlinge aus der Pfanne nehmen und auf Küchenpapier abtropfen lassen. Mit dem Schnittlauch-Quark-Dip und dem Gemüse auf Teller verteilen und mit dem restlichen Schnittlauch bestreuen.

SUPER
IMMUNBOOSTER

# FENCHEL-PAPRIKA-PIZZA

Einfach kross-artig: Ein knuspriger Dinkelboden, belegt mit Fenchel, Frischkäse, Apfel und Paprika – ein Dream-Team auf dem Backblech und für Ihre Gesundheit!

Für 2–3 Personen
Zubereitung: 45 Minuten
Gehen: 30 Minuten
Backen: 2 x 15 Minuten

250 g Dinkelvollkornmehl
Salz
½ Würfel Hefe (20 g)
4 EL raffiniertes Olivenöl
1 Fenchelknolle (mit Grün; ca. 300 g)
1 kleine rote Paprikaschote
1 kleiner säuerlicher Apfel (z. B. Elstar)
2 EL Zitronensaft
Pfeffer aus der Mühle
125 g Frischkäse (Halbfettstufe)
2 EL Milch (1,5 % Fett)
125 g Mozzarella
1 EL gehackte Rosmarinnadeln
(ersatzweise 2 TL getr. Rosmarin)
Dinkelvollkornmehl zum Arbeiten

*Nährwerte pro Portion (bei 3): ca. 660 kcal, 26 g EW, 28 g F, 69 g KH, 11 g BST*
*Reich an Vitamin $B_1$ und Eisen*

+ Das Mehl mit ½ TL Salz in einer Rührschüssel mischen. Die Hefe mit 150 ml lauwarmem Wasser verrühren und mit den Knethaken des Handrührgeräts unter das Mehl kneten. 2 EL Öl dazugeben und alles glatt verkneten. Falls der Teig zu weich ist, noch etwas Mehl hinzufügen. Den Teig auf der leicht bemehlten Arbeitsfläche mit den Händen kräftig durchkneten, zur Kugel formen und abgedeckt an einem warmen Ort etwa 30 Minuten gehen lassen. Backofen auf 250 °C vorheizen. Zwei Backbleche mit Backpapier belegen.

+ Währenddessen für den Belag Fenchel putzen und waschen, das Fenchelgrün beiseitelegen. Fenchel halbieren und den harten Strunk keilförmig herausschneiden, Hälften auf der Gemüsereibe in dünne Scheiben hobeln. Paprika längs vierteln, entkernen, waschen und in dünne Streifen schneiden. Apfel waschen, vierteln, entkernen und längs in dünne Scheiben schneiden. Zitronensaft, 1 EL Öl, Salz und Pfeffer in einer Schüssel verrühren und Fenchel, Paprika und Apfel damit mischen. Frischkäse und Milch glatt rühren und salzen. Den Mozzarella in kleine Stücke zupfen.

+ Den Teig nochmals durchkneten, halbieren und jede Hälfte rund (ca. 28 cm Durchmesser) ausrollen. Die Teigfladen jeweils auf ein Blech legen und mit dem Frischkäse-Mix bestreichen, dabei einen etwa 2 cm breiten Rand frei lassen. Den Fenchel-Mix abtropfen lassen und auf den Pizzaböden verteilen. Die Pizzen mit Salz, Pfeffer, Rosmarin und Mozzarella bestreuen und mit dem übrigen Öl beträufeln. Dann nacheinander im Ofen auf der 2. Schiene von unten jeweils 10 bis 15 Minuten backen. Herausnehmen und mit beiseitegelegtem Fenchelgrün bestreut servieren.

# KABELJAU MIT SPITZKOHL UND GREMOLATA

Zartes Fischfilet thront auf feinblättrigem Orangenkohl und bekommt mit Kapern, Zitronenschale und Petersilie eine mediterrane Note.

Für 2 Personen
Zubereitung: 30 Minuten

½ Bund Petersilie
1 EL Kapern (in Salzlake)
1 Knoblauchzehe
1 TL abgeriebene Bio-Zitronenschale
1 Zwiebel
350 g Spitzkohl
250 g Möhren
1 Bio-Orange
3 EL natives Olivenöl extra
Salz, Pfeffer aus der Mühle, Cayennepfeffer
400 g Kabeljaufilet
(aus dem Mittelstück; ohne Haut)
2 TL Butter

*Nährwerte pro Portion: ca. 460 kcal, 41 g EW, 22 g F, 20 g KH, 9 g BST*
*Reich an Beta-Carotin und Vitamin C*

+ Die Petersilie waschen, trocken schütteln und die Blätter abzupfen. Kapern abtropfen lassen. Knoblauch schälen und grob würfeln. Petersilie, Kapern und Knoblauch mit der Zitronenschale fein hacken und abgedeckt beiseitestellen.

+ Die Zwiebel schälen, halbieren und in Streifen schneiden. Vom Spitzkohl äußere Blätter und harten Strunk entfernen, Kohl in etwa 2 cm breite Streifen schneiden. Möhren putzen, schälen und schräg in Scheiben schneiden. Orange heiß waschen, abtrocknen und 1 TL Schale fein abreiben, Orange halbieren und auspressen. Zwiebel, Kohl und Möhren in einem Topf in 2 EL Öl bei mittlerer Hitze 2 bis 3 Minuten andünsten. Orangensaft und -schale dazugeben und mit Salz, Pfeffer und Cayennepfeffer würzen, mit geschlossenem Deckel bei mittlerer Hitze etwa 8 Minuten dünsten.

+ Inzwischen Fisch waschen, trocken tupfen, salzen und pfeffern, in einer Pfanne im übrigen Öl und in der Butter von beiden Seiten 5 bis 7 Minuten goldbraun braten. Mit dem Gemüse auf Tellern anrichten, mit der Gremolata bestreuen.

**Die Ernährungs-Docs**
Kabeljau versorgt uns mit dem Spurenelement Jod, aus dem die Schilddrüse die Hormone herstellt, die wichtige Stoffwechselvorgänge regeln – wie Wachstum, Leistungsfähigkeit und Körpertemperatur. Jod soll auch antioxidative Funktionen haben und als Radikalfänger Einfluss auf das Immunsystem und die Gefäßgesundheit nehmen.

# LACHS AUF SENF-RAHM-WIRSING

Zu zitronenfrischem Lachs und Wirsinggemüse sollten Sie noch ordentlich Ihren Senf dazugeben – denn die scharfe Würze heizt Ihrem Stoffwechsel kräftig ein.

Für 2 Personen
Zubereitung: 35 Minuten

2 Lachsfilets (à ca. 160 g; ohne Haut)
Salz, Pfeffer aus der Mühle
1 Zwiebel
1 Knoblauchzehe
½ Wirsing (ca. 500 g)
3 EL kalt gepresstes Rapskernöl
2 TL Butter
frisch geriebene Muskatnuss
100 g Schmand (24 % Fett)
150 ml glutenfreie Gemüsebrühe
2 TL abgeriebene Bio-Zitronenschale
½ Bund Petersilie
3 TL glutenfreier Dijon-Senf
2 TL Zitronensaft

*Nährwerte pro Portion: ca. 660 kcal, 40 g EW, 50 g F, 11 g KH, 6 g BST*
*Reich an Vitamin E und $B_6$*

+ Den Fisch waschen, trocken tupfen und auf jeder Seite mit Salz und Pfeffer würzen. Zwiebel und Knoblauch schälen und fein würfeln. Den Wirsing putzen, waschen, halbieren, harten Strunk entfernen. Die Wirsingviertel quer in dünne Streifen schneiden. In einer großen beschichteten Pfanne 2 EL Öl erhitzen und die Lachsfilets darin bei mittlerer Hitze auf jeder Seite 3 bis 4 Minuten anbraten. Herausnehmen und beiseitestellen.

+ Zwiebel, Knoblauch und Wirsing in der Pfanne im übrigen Öl und Butter bei mittlerer Hitze 2 bis 3 Minuten andünsten. Mit Salz, Pfeffer und Muskatnuss würzen und etwa 5 Minuten dünsten. Schmand und Brühe dazugeben, den Lachs auf den Wirsing setzen und mit Zitronenschale bestreuen. Alles mit geschlossenem Deckel bei mittlerer Hitze noch etwa 8 Minuten garen. Inzwischen die Petersilie waschen, trocken schütteln, die Blätter abzupfen und fein hacken.

+ Zum Servieren das Gemüse mit Senf, Salz, Pfeffer und Zitronensaft abschmecken und auf Teller verteilen. Den Lachs darauf anrichten und mit Petersilie bestreuen. Dazu passen Pellkartoffeln.

**Die Ernährungs-Docs**
Neben Vitamin C und Folsäure stecken in Wirsing reichlich Glucosinolate (Senfölglykoside). Diese aktivieren unsere Abwehr, indem sie das Darmmilieu verbessern und dort die Bildung neuer Lymphknötchen anregen, in denen die weißen Blutkörperchen „trainiert" werden. Sie bekämpfen schädliche Pilze und Bakterien und schützen vor freien Radikalen.

# LACHS-GEMÜSE-RAGOUT

Knackig junges Gemüse wird mit edlem Fischfilet und frischem Kerbel kombiniert und weckt schon beim Kochen Frühlingsgefühle.

Für 2 Personen
Zubereitung: 45 Minuten

300 g grüner Spargel, 200 g Möhren
300 g Blumenkohl
1 junger Kohlrabi (ca. 250 g)
2 Lachsfilets (à ca. 160 g; ohne Haut)
1 EL Butter
1 EL kalt gepresstes Rapskernöl
1 geh. EL Dinkelvollkornmehl
150 ml Gemüsebrühe
150 ml Milch (3,5 % Fett)
Salz, Pfeffer aus der Mühle
½ TL abgeriebene Bio-Zitronenschale
1–2 TL Zitronensaft
20 g gehackter Kerbel

*Nährwerte pro Portion: ca. 450 kcal, 27 g EW, 25 g F, 24 g KH, 10 g BST*
*Reich an Folsäure und Vitamin C*

+ Den Spargel waschen, im unteren Drittel schälen und die holzigen Enden abschneiden. Die Stangen schräg in etwa 2 cm breite Stücke schneiden. Die Möhren putzen, schälen und schräg in dünne Scheiben schneiden. Den Blumenkohl putzen, waschen und in Röschen teilen. Den Kohlrabi putzen und zarte Blätter beiseitelegen, Kohlrabi schälen und in etwa 1 cm dicke Spalten schneiden. Fisch waschen, trocken tupfen und in etwa 2 ½ cm große Stücke schneiden.

+ Butter und Öl in einem Topf erhitzen und das Gemüse darin bei mittlerer Hitze 2 bis 3 Minuten unter Wenden anbraten. Mit Mehl bestäuben und kurz mitdünsten. Brühe und Milch dazugießen, alles aufkochen und mit geschlossenem Deckel bei mittlerer Hitze 5 bis 7 Minuten garen. Mit Salz, Pfeffer und Zitronenschale würzen. Den Lachs auf das Gemüse legen und alles mit geschlossenem Deckel bei milder Hitze 5 bis 7 Minuten gar ziehen lassen.

+ Zum Servieren mit Salz und Zitronensaft abschmecken und die Hälfte des Kerbels unterheben. Das Ragout auf Teller verteilen und mit dem übrigen Kerbel bestreuen. Dazu passt eine Vollkorn-Wildreis-Mischung.

**Die Ernährungs-Docs**
Frühling ist Spargelzeit! Grüner Spargel wächst über der Erde und bildet dank der Sonneneinstrahlung den grünen Farbstoff Chlorophyll. Dieser wirkt antioxidativ, schützt die Körperzellen vor Umweltgiften und soll krebshemmend wirken. Auch Vitamin C und Beta-Carotin sind in grünem Spargel enthalten – weitere Garanten für ein funktionierendes Immunsystem.

SUPER
IMMUNBOOSTER

# GARNELEN-KOKOS-CURRY

So macht immunstärkendes Schlemmen Spaß: Dieses Curry mit Möhren, Bohnen und Pak-Choi bringt Vitalstoffpower auf die Teller und begeistert nicht nur Asia-Fans.

Für 2 Personen
Zubereitung: 40 Minuten

3 Schalotten, 20 g Ingwer
1 Knoblauchzehe
300 g Möhren
2 EL kalt gepresstes Rapskernöl
1 EL gelbe Thai-Currypaste
200 ml cremige Kokosmilch (aus der Dose)
300 ml glutenfreie Gemüsebrühe
1–2 EL glutenfreie Sojasauce (z. B. Tamari)
1–2 EL Limettensaft
150 g tiefgekühlte grüne Bohnen
200 g Mini-Pak-Choi (ersatzweise Mangold)
250 g rohe geschälte Garnelen (frisch oder tiefgekühlt und aufgetaut)
4 Stiele Koriandergrün

*Nährwerte pro Portion: ca. 555 kcal, 32 g EW, 34 g F, 24 g KH, 10 g BST*
*Reich an Vitamin K und Zink*

+ Die Schalotten schälen und vierteln. Ingwer und Knoblauch schälen und fein würfeln. Die Möhren putzen, schälen und schräg in etwa ½ cm dicke Scheiben schneiden. Schalotten in einem Topf im Öl bei mittlerer Hitze andünsten. Ingwer, Knoblauch und Möhren dazugeben und kurz mitdünsten. Currypaste unterrühren und kurz mitdünsten. Kokosmilch, Brühe und je 1 EL Sojasauce und Limettensaft hinzufügen. Alles mit geschlossenem Deckel aufkochen und bei milder Hitze etwa 5 Minuten köcheln lassen.

+ Inzwischen Bohnen antauen lassen. Pak-Choi putzen, waschen und quer in etwa 2 cm breite Streifen schneiden. Garnelen in einem Sieb abbrausen und abtropfen lassen. Alles unter den Eintopf mischen, nochmals aufkochen und offen bei milder Hitze noch 3 bis 4 Minuten garen.

+ Zum Servieren das Curry mit übriger Sojasauce und restlichem Limettensaft abschmecken. Den Koriander waschen, trocken schütteln, die Blätter abzupfen und grob hacken. Das Curry auf tiefe Teller oder Schalen verteilen und mit Koriander bestreuen. Dazu passt Vollkornbasmatireis.

**Die Ernährungs-Docs**

In Krustentieren wie Garnelen steckt besonders viel Kupfer. Dieses Spurenelement ist Bestandteil wichtiger Enzyme, wirkt als Antioxidans und trägt zur Blutbildung bei. Es beeinflusst unser Immunsystem positiv und hemmt Entzündungen. Auch pflanzliche Lebensmittel wie Hülsenfrüchte, Vollkorngetreide, Nüsse und Kakao sind gute Kupferquellen.

# GEMÜSEDORADEN AUS DEM OFEN

Herrlich praktisch: Während Fisch und Gemüse mit frischen Kräutern und hochwertigem Olivenöl im Ofen brutzeln, träumen wir uns in den Urlaub am Mittelmeer.

Für 2 Personen
Zubereitung: 40 Minuten
Garen: 35 Minuten

1 Fenchelknolle (mit Grün; ca. 280 g)
300 g kleine festkochende Kartoffeln (z. B. Drillinge)
4 EL natives Olivenöl extra
Salz, Pfeffer aus der Mühle
2 Doraden (à 300–350 g; küchenfertig)
4 Stiele Thymian
1 kleiner Zweig Rosmarin
2 Knoblauchzehen
2 Frühlingszwiebeln
200 g Kirschtomaten (an der Rispe)
40 g schwarze Oliven (ohne Stein)
100 ml trockener Weißwein (ersatzweise glutenfreie Gemüsebrühe)

*Nährwerte pro Portion: ca. 630 kcal, 36 g EW, 32 g F, 35 g KH, 8 g BST*
*Reich an Vitamin $B_{12}$ und Eisen*

+ Den Backofen auf 200 °C vorheizen. Den Fenchel putzen und waschen, das Fenchelgrün beiseitelegen. Den Fenchel halbieren und den harten Strunk keilförmig herausschneiden, die Hälften in etwa 1 cm dicke Spalten schneiden. Die Kartoffeln gründlich waschen, abtrocknen und samt Schale in etwa ½ cm dicke Scheiben schneiden. Beides in einer Schüssel mit 2 EL Öl, Salz und Pfeffer mischen und auf einem tiefen Backblech verteilen. Im Ofen auf der mittleren Schiene etwa 35 Minuten garen.

+ Inzwischen die Doraden innen und außen waschen und trocken tupfen, die Haut auf jeder Seite mehrmals schräg einschneiden. Thymian und Rosmarin waschen, trocken schütteln und die Blätter bzw. Nadeln abzupfen. Den Knoblauch schälen und fein hacken. Die Kräuter mit dem Knoblauch mischen und die Fische innen und außen mit dem Mix bestreuen. Die Frühlingszwiebeln putzen, waschen und schräg in etwa 2 cm breite Stücke schneiden. Die Tomaten waschen.

+ Nach etwa 15 Minuten Garzeit die Frühlingszwiebeln, Tomaten und Oliven zum Gemüse aufs Blech legen, die Fische daraufsetzen und mit Wein und übrigem Öl beträufeln. Alles im Ofen noch etwa 20 Minuten garen.

+ Zum Servieren die Fische aus dem Ofen nehmen. Das Gemüse samt Sud auf Teller verteilen und jeweils 1 Dorade daraufsetzen. Mit dem Fenchelgrün bestreuen.

# ZANDER MIT GRÜNER SAUCE

Mit frischen Kräutern schmeckt die Sauce wunderbar nach Frühling und wird mit feinem Zander und gebratenem Gemüse zum immunstärkenden Sonntagshit.

Für 2 Personen
Zubereitung: 1 Stunde

100 g Frankfurter Grüne-Sauce-Kräuter (z. B. Petersilie, Schnittlauch, Sauerampfer, Kresse, Borretsch, Pimpinelle, Kerbel)
100 g Naturjoghurt (1,5 % Fett)
150 g Schmand (24 % Fett)
Salz, Pfeffer aus der Mühle
1–2 TL Zitronensaft
400 g festkochende Kartoffeln
1 Kohlrabi (ca. 400 g)
3 EL raffiniertes Rapskernöl
2 Zanderfilets (à ca. 200 g)
2 TL Butter

*Nährwerte pro Portion: ca. 700 kcal, 48 g EW, 37 g F, 40 g KH, 6 g BST*
*Reich an Vitamin C und Eisen*

+ Für die Sauce Kräuter waschen, trocken schütteln und die Blätter abzupfen, einige zum Garnieren beiseitelegen, den Rest grob hacken. Gehackte Kräuter mit dem Joghurt in einer hohen Rührschüssel mit dem Stabmixer fein pürieren. Den Schmand unterrühren und die Sauce mit Salz, Pfeffer und Zitronensaft abschmecken, abgedeckt kühl stellen.

+ Die Kartoffeln schälen und waschen. Kohlrabi putzen und schälen. Beides separat etwa 1 cm groß würfeln. Die Kartoffeln in einer Pfanne in 2 EL Öl bei mittlerer Hitze 15 bis 20 Minuten goldbraun braten, dabei den Kohlrabi nach etwa 10 Minuten dazugeben. Alles mit Salz und Pfeffer würzen und fertigbraten, dabei ab und zu wenden.

+ Inzwischen den Fisch waschen, trocken tupfen und die Haut mehrmals schräg einschneiden. In einer beschichteten Pfanne im übrigen Öl auf der Hautseite bei starker Hitze 3 bis 4 Minuten braten, salzen und pfeffern. Die Filets wenden und mit der Butter auf der Fleischseite 1 bis 2 Minuten braten. Zum Servieren Zanderfilets, Kohlrabibratkartoffeln und grüne Sauce auf Teller verteilen und mit den beiseitegelegten Kräutern bestreuen.

**Die Ernährungs-Docs**
Die grüne Sauce punktet mit sieben gesunden Kräutern, die unsere Abwehrkraft stärken: Sauerampfer ist relativ eisenreich, Kresse wirkt stoffwechselanregend, Kerbel antioxidativ, Borretsch mit ätherischen Ölen herzstärkend und blutreinigend. Petersilie und Pimpinelle hemmen Entzündungen und die Sulfide im Schnittlauch stimulieren das Immunsystem.

# GEMÜSEFORELLE AUS DEM BRATSCHLAUCH

Nichts leichter als das: Hier schmoren Forellen mit Pilzen, Chili, Lauch und Möhren im Bratschlauch im Ofen – die Fische werden so saftig wie nie.

Für 2 Personen
Zubereitung: 35 Minuten
Garen: 30 Minuten

250 g gemischte Pilze (z. B. weiße und braune Champignons, Kräuterseitlinge, Austernpilze)
1 Stange Lauch (ca. 200 g)
150 g Möhren
1 Knoblauchzehe
1 Bio-Zitrone
1 kleine rote Chilischote
½ Bund Petersilie
2 Forellen (à 350–400 g; küchenfertig)
Salz, Pfeffer aus der Mühle
4 EL natives Olivenöl extra
2 Stücke Bratschlauch (à ca. 40 cm)

*Nährwerte pro Portion: ca. 450 kcal, 44 g EW, 26 g F, 8 g KH, 5 g BST*
*Reich an Vitamin D und $B_{12}$*

+ Den Backofen auf 190° vorheizen. Die Pilze putzen, trocken abreiben und halbieren oder in etwa 2 cm große Stücke schneiden. Den Lauch putzen, längs halbieren, gründlich waschen und in etwa 1 cm große Stücke schneiden. Die Möhren putzen, schälen und etwa ½ cm groß würfeln. Den Knoblauch schälen und fein würfeln. Die Zitrone heiß waschen, abtrocknen und halbieren, eine Hälfte in Scheiben schneiden, die andere auspressen. Die Chilischote waschen und samt Kernen in sehr feine Ringe schneiden. Die Petersilie waschen, trocken schütteln, die Blätter abzupfen und nach Belieben grob hacken.

+ Die Forellen innen und außen waschen und trocken tupfen. Innen und außen salzen und pfeffern und jeweils mit den Zitronenscheiben im Bauchraum füllen.

+ In einer Schüssel Pilze, Lauch, Möhren, Knoblauch, Zitronensaft, Chili und die Hälfte der Petersilie mit Salz, Pfeffer und Öl mischen. Die Bratschläuche nach Packungsanweisung auf einer Seite fest zubinden, jeweils mit der Hälfte der Gemüsemischung füllen und auf ein Backblech setzen. Die Forellen auf das Gemüse legen, die Bratschläuche verschließen und oben etwas einschneiden. Die Forellen im Ofen auf der 2. Schiene von unten 25 bis 30 Minuten garen.

+ Zum Servieren das Blech herausnehmen und die Bratschläuche vorsichtig öffnen (Achtung, heißer Dampf entweicht!). Fische und Gemüse auf Tellern anrichten und mit der übrigen Petersilie bestreuen. Dazu passen Pellkartoffeln.

# HÄHNCHEN-GEMÜSE-WOK

Bunt, vitalstoffreich und unglaublich aromatisch: Wenig Fleisch und viel knackiges Gemüse werden im Wok auf den Punkt gebraten.

Für 2 Personen
Zubereitung: 40 Minuten

3–4 EL glutenfreie Sojasauce (z. B. Tamari)
1 TL geröstetes Sesamöl
½–1 TL Chiliflocken (Pul Biber)
300 g Hähnchenbrustfilet
250 g Mangold
1 rote Paprikaschote
3 Frühlingszwiebeln
1 Knoblauchzehe, 20 g Ingwer
125 g tiefgekühlte Edamame (junge, grüne Sojabohnen)
3 EL helles Sesamöl
150 ml glutenfreie Hühnerbrühe
½ TL Johannisbrotkernmehl
50 g gemischte Sprossen (z. B. Alfalfa, Linsen, Rettich)

*Nährwerte pro Portion: ca. 545 kcal, 53 g EW, 28 g F, 17 g KH, 11 g BST*
*Reich an Niacin und Eisen*

+ In einer Schüssel 2 EL Sojasauce, geröstetes Sesamöl und ½ TL Chiliflocken verrühren. Das Fleisch waschen, trocken tupfen, in dünne Scheiben schneiden und in der Sauce etwa 10 Minuten marinieren.

+ Inzwischen den Mangold putzen und waschen, die Blätter in etwa 1 cm breite Streifen, die Stiele in etwa ½ cm breite Streifen schneiden. Die Paprika vierteln, entkernen, waschen und in dünne Streifen schneiden. Die Frühlingszwiebeln putzen, waschen und schräg in dünne Ringe schneiden. Knoblauch und Ingwer schälen und fein würfeln. Die Edamame in kochendem Wasser etwa 5 Minuten blanchieren, in ein Sieb abgießen, kalt abschrecken und abtropfen lassen. Dann die Bohnen aus den Schoten drücken.

+ Das marinierte Hähnchen in einem Sieb abtropfen lassen, dabei die Marinade auffangen. 2 EL helles Sesamöl im Wok erhitzen und das Fleisch darin bei starker Hitze 3 bis 4 Minuten unter Rühren anbraten, herausnehmen und beiseitestellen. Dann Mangoldstiele, Paprika, Frühlingszwiebeln, Knoblauch und Ingwer im übrigen hellen Sesamöl etwa 3 Minuten rührbraten. Anschließend Mangoldblätter und Edamame dazugeben und etwa 1 Minute mitbraten.

+ Zum Servieren die Brühe mit der aufgefangenen Marinade und dem Johannisbrotkernmehl verrühren. Mit dem beiseitegestellten Fleisch zum Gemüse geben. Kurz aufkochen und mit übriger Sojasauce und restlichen Chiliflocken würzen. Die Sprossen in einem Sieb abbrausen und abtropfen lassen. Den Hähnchen-Gemüse-Wok auf Tellern anrichten und mit den Sprossen bestreuen. Dazu passt Vollkornreis.

SUPER
IMMUNBOOSTER

# HÄHNCHEN-TAJINE MIT KICHERERBSEN

Gesunder Eintopf mit marokkanischem Touch: Wer mag, bereitet die Tajine in dem gleichnamigen Tontopf besonders sanft und nährstoffschonend zu.

Für 2 Personen
Zubereitung: 45 Minuten

300 g Hähnchenbrustfilet
2–3 TL Harissa-Pulver
Salz, Pfeffer aus der Mühle
1 rote Zwiebel, 1 Knoblauchzehe
300 g Blumenkohl, 250 g Butternusskürbis
½ Aubergine (ca. 150 g)
125 g Kichererbsen (aus der Dose)
4 EL natives Olivenöl extra
½ TL gemahlener Kreuzkümmel
1 Dose Kirschtomaten (400 g)
100 ml glutenfreie Hühnerbrühe
1 EL Zitronensaft
je 1 EL gehackte Petersilie und Minze

*Nährwerte pro Portion: ca. 600 kcal, 52 g EW, 27 g F, 29 g KH, 14 g BST*
*Reich an Vitamin $B_6$, C und Eisen*

\+ Fleisch waschen, trocken tupfen und in etwa 3 cm große Würfel schneiden, mit 2 TL Harissa, Salz und Pfeffer würzen. Zwiebel und Knoblauch schälen und in Scheiben schneiden. Blumenkohl putzen, waschen und in Röschen teilen. Kürbis schälen und die Kerne mit einem Löffel entfernen, Aubergine waschen und putzen, beides etwa 2 cm groß würfeln. Kichererbsen in einem Sieb abbrausen, abtropfen lassen.

\+ Das Fleisch in einem breiten Topf in 2 EL Öl bei mittlerer Hitze 3 bis 4 Minuten unter Wenden braten, herausnehmen und beiseitestellen. Dann Zwiebel, Knoblauch, Blumenkohl, Kürbis und Aubergine in der Pfanne im übrigen Öl bei mittlerer Hitze 2 bis 3 Minuten anbraten. Kichererbsen und Fleisch dazugeben, mit Salz, Pfeffer und Kreuzkümmel würzen. Tomaten und Brühe hinzufügen, alles mit geschlossenem Deckel bei mittlerer Hitze etwa 25 Minuten garen.

\+ Zum Servieren die Tajine mit Zitronensaft, Salz und übriger Harissa abschmecken und auf Teller verteilen. Mit den Kräutern bestreuen.

**Die Ernährungs-Docs**
In Kichererbsen und anderen Hülsenfrüchten wie Bohnen und Erbsen stecken krankheitsvorbeugende Pflanzenstoffe, allen voran Saponine. Diese schaumbildenden Bitterstoffe können das Immunsystem stimulieren und speziell das Risiko für Dickdarmkrebs senken. Zudem regulieren Saponine den Cholesterinspiegel und wirken entzündungshemmend.

SUPER
IMMUNBOOSTER

# PUTENSCHNITZEL SZEGEDINER ART

Würziger Sattmacher: Bei diesem deftigen Wintergericht sollten Sie beherzt zulangen – es liefert viel Vitamin C und Ballaststoffe für ein starkes Immunsystem.

Für 2 Personen
Zubereitung: 35 Minuten

2 Putenschnitzel (à ca. 180 g)
Salz, Pfeffer aus der Mühle
1 Zwiebel
je 1 kleine rote und grüne Paprikaschote
300 g frisches Sauerkraut (aus dem Folienbeutel)
2 EL raffiniertes Olivenöl
1 TL edelsüßes Paprikapulver
½ TL rosenscharfes Paprikapulver
1 Dose stückige Tomaten (400 g)
1 TL flüssiger Honig
2 EL saure Sahne (10 % Fett)
2 EL gehackte Petersilie

*Nährwerte pro Portion: ca. 450 kcal, 50 g EW, 18 g F, 14 g KH, 8 g BST*
*Reich an Vitamin C und Zink*

+ Die Schnitzel waschen, trocken tupfen und auf jeder Seite salzen und pfeffern. Die Zwiebel schälen, halbieren und in dünne Streifen schneiden. Paprikaschoten vierteln, entkernen, waschen und in Streifen schneiden. Das Sauerkraut in einem Sieb abtropfen lassen und gut ausdrücken.

+ Das Fleisch in einer großen Pfanne im Öl bei mittlerer bis starker Hitze auf jeder Seite 1 bis 2 Minuten kräftig anbraten. Herausnehmen und beiseitestellen. Zwiebel und Paprika bei mittlerer Hitze etwa 5 Minuten braten. Sauerkraut dazugeben und etwa 3 Minuten mitbraten. Alles mit beiden Paprikapulvern bestäuben und kurz mitrösten. Die Tomaten hinzufügen, alles aufkochen und mit geschlossenem Deckel bei mittlerer Hitze etwa 8 Minuten garen. Mit Salz, Pfeffer und Honig abschmecken, das Fleisch wieder dazugeben, alles offen noch 6 bis 8 Minuten garen.

+ Zum Servieren Schnitzel und Sauerkraut auf Teller verteilen, je 1 EL saure Sahne daraufsetzen und mit Petersilie bestreuen. Dazu passt Vollkornbrot oder Kartoffelpüree.

**Die Ernährungs-Docs**

Wer regelmäßig rohes Sauerkraut (aus Reformhaus oder Bioladen) isst, versorgt seinen Darm mit lebenden Milchsäurebakterien. Diese stärken als natürliche Probiotika unser Mikrobiom, vertreiben krankheitserregende Bakterien, Pilze und Keime im Darm und vermeiden Darminfektionen. Außerdem regen sie bestimmte Immunzellen an, vermehrt Antikörper zu bilden.

# FILETSTEAKS MIT SÜSSKARTOFFELPOMMES

Was für ein abwehrstarker Genuss! Die Süßkartoffeln strotzen vor Beta-Carotin, die Avocadosalsa liefert wertvolle Fettsäuren und das Rinderfilet viel Eisen.

Für 2 Personen
Zubereitung: 45 Minuten
Backen: 30 Minuten

600 g Süßkartoffeln
½ TL Fenchelsamen
½ TL Korianderkörner
1 Knoblauchzehe
3 EL raffiniertes Olivenöl
Salz, Pfeffer aus der Mühle
2 Rinderfiletsteaks (à ca. 150 g)
½ TL rosenscharfes Paprikapulver
1 kleine rote Zwiebel
1 rote Spitzpaprikaschote
1 reife Avocado
4 Stiele Koriandergrün
2 EL Limettensaft

*Nährwerte pro Portion: ca. 750 kcal, 38 g EW, 33 g F, 68 g KH, 13 g BST*
*Reich an Vitamin E, C und Zink*

+ Den Backofen auf 190 °C vorheizen. Ein Backblech mit Backpapier belegen. Die Süßkartoffeln schälen und in etwa 1 ½ cm dicke Stifte schneiden. Fenchel und Koriander im Mörser zerdrücken. Den Knoblauch schälen und fein würfeln. Gewürze und Knoblauch mit 2 EL Öl, Salz und Pfeffer in einer Schüssel verrühren. Die Süßkartoffelstifte mit dem Würzöl gründlich mischen und auf dem Blech verteilen. Im Ofen auf der mittleren Schiene etwa 30 Minuten backen.

+ Inzwischen die Steaks trocken tupfen. Das übrige Öl mit dem Paprikapulver verrühren und die Steaks damit rundum bestreichen. Eine Grillpfanne erhitzen und das Fleisch darin bei starker Hitze auf jeder Seite 1 bis 2 Minuten anbraten. Herausnehmen und beiseitestellen, auf jeder Seite salzen und pfeffern. Die Steaks etwa 10 Minuten vor Ende der Garzeit zu den Kartoffeln mit auf das Blech legen und 8 bis 10 Minuten fertig garen.

+ Währenddessen für die Salsa die Zwiebel schälen und fein würfeln. Paprika halbieren, entkernen und waschen. Die Avocado halbieren und den Kern entfernen, das Fruchtfleisch auslösen. Paprika und Avocado etwa 1 cm groß würfeln. Koriander waschen, trocken schütteln, Blätter abzupfen und hacken. Zwiebel, Paprika, Avocado und zwei Drittel des Korianders mit Limettensaft mischen, salzen und pfeffern.

+ Zum Servieren die Steaks mit den Süßkartoffelpommes aus dem Ofen nehmen und mit der Salsa auf Tellern anrichten, mit dem übrigen Koriander bestreuen.

SUPER
IMMUNBOOSTER

# SÜSSES

Keine Sorge, beim Training gegen körperfremde Angreifer muss niemand auf Desserts, Gebäck und andere Naschereien verzichten. Es reicht schon, eine gesündere Alternative zu wählen – und den Zucker zu reduzieren oder durch Obst, Honig und Co. zu ersetzen. Dass das auch noch zum Fingerschlecken gut schmeckt, beweisen Johannisbeer-Skyr, Mango-Kokos-Eis oder Beerenschmarren mit Sesamjoghurt.

# JOHANNISBEER-SKYR MIT SCHOKO-TOPPING

Das Immunsystem sagt Dankeschön: Wer diese fruchtige Frischkäsecreme löffelt, tankt gleichzeitig reichlich Eiweiß und Vitamin C.

Für 4 Personen
Zubereitungszeit: 30 Minuten
Kühlen: 1 Stunde

150 g Schwarze Johannisbeeren
2 EL Vollrohrzucker
Saft von 1 kleinen Orange
2 EL Mandelstifte
2 EL glutenfreie kernige Haferflocken
1 TL Butter
½ TL Zimtpulver
750 g Skyr Natur (0,2 % Fett)
40 g Zartbitterschokolade (mind. 70 % Kakaoanteil)

*Nährwerte pro Portion: ca. 270 kcal, 25 g EW, 7 g F, 25 g KH, 4 g BST*
*Reich an Vitamin $B_2$ und Eisen*

+ Die Johannisbeeren verlesen, waschen und von den Rispen streifen. Den Zucker in einem Topf bei mittlerer Hitze goldbraun karamellisieren. Mit dem Orangensaft ablöschen (Vorsicht, zischt!) und unter Rühren auflösen. Die Beeren dazugeben und alles offen bei mittlerer bis starker Hitze etwa 5 Minuten garen, bis die Beeren weich sind. Vom Herd nehmen und in einem hohen Rührbecher mit dem Stabmixer glatt pürieren. Die Masse durch ein feines Sieb streichen, um die kleinen Kerne zu entfernen, und abkühlen lassen.

+ Inzwischen Mandeln und Haferflocken in einer Pfanne ohne Fett bei mittlerer Hitze rösten. Butter und Zimt hinzufügen und alles kurz weiterrösten. Dann herausnehmen und abkühlen lassen. Das Beerenpüree mit dem Skyr nur leicht verrühren, sodass der Skyr marmoriert ist. Auf Dessertschalen verteilen und abgedeckt etwa 1 Stunde kühl stellen.

+ Zum Servieren die Schokolade fein hacken und unter den Mandel-Mix mischen. Die Dessertschalen aus dem Kühlschrank nehmen und mit dem Topping bestreuen.

**Die Ernährungs-Docs**
In Skyr, dem traditionellen Milchprodukt der Isländer, stecken viel Eiweiß und Kalzium. Auftrumpfen kann Skyr aber auch mit Glutamin, einer Aminosäure, die die Bildung von Glutathion im Körper ankurbelt: Erhalten Immunzellen viel Glutathion, aktivieren sie sich und greifen Bakterien und Viren an. Übrigens: Glutamin kommt auch in Quark vor.

# MANGO-KOKOS-EIS

Ein Sonnengruß zum Dahinschmelzen: Mango, Orange, Kurkuma und Kokosjoghurt bilden ein aromastarkes Superfood-Quartett.

Für 4 Personen
Zubereitung: 30 Minuten
Gefrieren: 8 Stunden (über Nacht)

1 reife Mango (ca. 500 g)
Saft von 1 Orange
1 TL gemahlene Kurkuma
½ Bio-Limette
150 g ungesüßte vegane Joghurtalternative auf Kokosmilchbasis
30 g Kokosblütenzucker
1 EL Kokos-Chips

*Nährwerte pro Portion: ca. 155 kcal, 2 g EW, 5 g F, 24 g KH, 2 g BST*
*Reich an Vitamin C und Eisen*

+ Am Vortag die Mango schälen und das Fruchtfleisch auf den flachen Seiten vom Stein schneiden. 250 g Mangofruchtfleisch in Stücke schneiden und in einem hohen Rührbecher mit Orangensaft und Kurkuma mit dem Stabmixer fein pürieren.

+ Das Mangopüree in einen Gefrierbeutel füllen, den Beutel gut verschließen, flach drücken und mindestens 8 Stunden, am besten über Nacht, tiefgefrieren. Übrige Mango etwa 1 cm groß würfeln und abgedeckt kühl stellen.

+ Am nächsten Tag etwa 30 Minuten vor dem Servieren die Limette heiß waschen, abtrocknen und die Schale dünn abreiben. Dann den Saft auspressen. Limettenschale und -saft mit Kokosjoghurt und Kokosblütenzucker verrühren und die Mischung ebenfalls etwa 30 Minuten tiefgefrieren.

+ Das gefrorene Mangopüree in einem hohen Rührbecher etwa 5 Minuten antauen lassen. Die Joghurtmischung dazugeben und alles mit dem Stabmixer cremig pürieren. Kugeln abstechen und am besten in eisgekühlten Dessertschalen anrichten. Mit Mangowürfeln und Kokos-Chips garnieren.

**Die Ernährungs-Docs**
Auch wenn Mangos relativ viel Zucker enthalten, sind sie dank der Vitamine B, E, C und Folsäure doch sehr gesund. Mit Blick auf die Abwehrkräfte punkten die Steinfrüchte zudem mit Beta-Carotin und Polyphenolen wie Quercetin, Anthocyanen und vor allem Mangiferin. Dieses starke Antioxidans wirkt unter anderem antibakteriell, antiviral und entzündungshemmend.

# BEERENSCHMARREN MIT SESAMJOGHURT

Für alle, die fruchtig-feine Mehlspeisen lieben: Der luftige Schmarren ist dezent mit Honig gesüßt, im Teig sorgt Dinkelvollkornmehl für leichten Biss.

Für 2 Personen
Zubereitung: 30 Minuten
Backen: 15 Minuten

2 EL helle Sesamsamen
200 g griech. Naturjoghurt (5 % Fett)
2 TL dunkles Tahin (Sesampaste)
2 TL flüssiger Honig
250 g gemischte Beeren
(z. B. Blau-, Him- und Rote Johannisbeeren)
2 Eier (Größe M), 75 g Dinkelvollkornmehl
¼ TL Weinsteinbackpulver
2 TL Vollrohrzucker
4 EL Milch (1,5 % Fett)
abgeriebene Schale von 1 Bio-Zitrone
Salz, 1 EL Butter

*Nährwerte pro Portion: ca. 530 kcal, 19 g EW, 28 g F, 48 g KH, 7 g BST*
*Reich an Biotin und Eisen*

+ Den Backofen auf 200 °C vorheizen. Sesam in einer Pfanne ohne Fett hell rösten. Herausnehmen und kurz abkühlen lassen. Joghurt, Tahin und Honig in einer Schale glatt rühren, 1 EL Sesam untermischen. Beeren verlesen, waschen und trocken tupfen, Johannisbeeren von den Rispen streifen. Die Eier trennen. Mehl und Backpulver mischen. Eigelbe, Zucker und Milch cremig rühren, dann die Zitronenschale und den Mehl-Mix untermischen. Eiweiße mit 1 Prise Salz steif schlagen und vorsichtig unterheben.

+ Die Butter in einer ofenfesten beschichteten Pfanne (ca. 24 cm Durchmesser) zerlassen. Den Teig hineingeben und 2 bis 3 Minuten backen, dann mit den Beeren bestreuen. Den Schmarren in der Pfanne (falls sie nicht ofenfest ist, den Griff mit Alufolie umwickeln!) im Ofen auf der mittleren Schiene etwa 15 Minuten backen.

+ Den Beerenschmarren aus dem Ofen nehmen, mit zwei Gabeln in Stücke reißen und mit übrigen Sesam bestreuen. Auf Teller verteilen und den Sesamjoghurt dazu reichen.

**Die Ernährungs-Docs**
Rote und blauviolette Beeren sind reich an Vitamin C und sekundären Pflanzenstoffen (beispielsweise Anthocyanen). Mit Johannisbeeren, Himbeeren und Co. können Sie also reichlich Pluspunkte auf dem Gesundkonto sammeln: Ihre Inhaltsstoffe schützen die Zellen vor freien Radikalen, wirken entzündungshemmend und stärken ein schwaches Immunsystem.

# HEISSE IMMUNBOOSTER

Ein Schluck Gesundheit, bitte! Heiße Getränke und Tees mit Ingwer, Kurkuma, Hagebutte, Holunder oder Minze sind gute Mittel, um einen aufkeimenden Infekt schnellstmöglich aus dem Körper zu treiben. Sie enthalten viele immunstimulierende Wirkstoffe und lassen sich ganz einfach selbst zubereiten.

## HOLUNDER-GEWÜRZ-TEE

Für 2 Teegläser oder Tassen (à ca. 250 ml Inhalt): **2 Beutel Früchtetee** mit ¼ l kochendem Wasser übergießen und 6 bis 8 Minuten ziehen lassen, dann die Beutel entfernen. **¼ l ungesüßten Holundersaft** mit **½ Zimtstange, 2 Gewürznelken** und **1 Sternanis** erhitzen. Den heißen Früchtetee dazugießen und mit **1 EL Zitronensaft** und **1 EL Ahornsirup** abschmecken. Die ganzen Gewürze entfernen. Den Tee auf Tassen oder Teegläser verteilen und heiß trinken.

*Nährwerte pro Tasse:*
*ca. 90 kcal, 3 g EW, 2 g F, 16 g KH, 0 g BST*
*Reich an Vitamin C und Eisen*

## GOLDENE MILCH

Für 2 Tassen (à ca. 200 ml Inhalt): **20 g Ingwer** und **20 g Kurkumawurzel** (ersatzweise 1 TL gemahlene Kurkuma) schälen und fein reiben. **½ l Milch** (1,5 % Fett; ersatzweise ungesüßten Mandeldrink) in einem Topf langsam erhitzen. **5 schwarze Pfefferkörner, 4 angedrückte Kardamomkapseln** und **1 Zimtstange** dazugeben. Die Gewürzmilch vom Herd nehmen und etwa 30 Minuten ziehen lassen. Dann erneut erhitzen, durch ein Sieb gießen (ganze Gewürze entfernen) und mit **2 TL flüssigem Honig** süßen. Auf Tassen verteilen und mit **Zimtpulver** bestäuben.

*Nährwerte pro Tasse:*
*ca. 150 kcal, 9 g EW, 4 g F, 19 g KH, 0 g BST*
*Reich an Vitamin $B_2$*

## KARDAMOM-MINZE-TEE

Für 2 Teegläser oder Tassen (à ca. 250 ml Inhalt):
**2 TL Kardamomkapseln** im Mörser zerstoßen und mit ½ l Wasser in einem Topf aufkochen. **4 Stiele Minze** waschen und in einen hohen Rührbecher geben. **1 Bio-Limette** heiß waschen, abtrocknen und die Schale mit einem Sparschäler spiralförmig abziehen. Zur Minze geben und den heißen Kardamomsud durch ein Sieb dazugießen. Den Tee mit geschlossenem Deckel 5 bis 7 Minuten ziehen lassen, danach **2 TL flüssigen Honig** untermischen. Auf Tassen oder Teegläser verteilen, mit Minze oder Bio-Limettenschale garnieren (oder beides entfernen).

*Nährwerte pro Tasse:*
*ca. 35 kcal, 1 g EW, 0 g F, 7 g KH, 0 g BST*
*Reich an Eisen*

## LINDENBLÜTEN-HAGEBUTTEN-TEE

Für 2 Teegläser oder Tassen (à ca. 250 ml Inhalt):
**3 TL getr. Hagebutten** (aus dem Bioladen) im Mörser zerstoßen. Mit **4 TL getr. Lindenblüten** (aus der Apotheke) in einem Topf mit ½ l kochendem Wasser übergießen, etwa 10 Minuten mit geschlossenem Deckel ziehen lassen. Den Tee durch ein Sieb gießen, mit **2 TL Zitronensaft** und **2 TL Honig** mischen. Auf Tassen oder Teegläser verteilen und heiß trinken.

*Nährwerte pro Tasse:*
*ca. 35 kcal, 0 g EW, 0 g F, 7 g KH, 0 g BST*
*Reich an Vitamin C*

# MÖHREN-HAFER-COOKIES

Gesunde Knabberei zum Mitnehmen: Nussige Kekse mit Haferflocken und Cranberrys sorgen nicht nur bei Immunzellen für Entzücken.

Für 16 Stück
Zubereitung: 30 Minuten
Backen: 30 Minuten

120 g Möhren
40 g Walnusskerne
40 g getr. Soft-Cranberrys
100 ml kalt gepresstes Rapskernöl
70 g Vollrohrzucker
1 Ei (Größe M)
abgeriebene Schale von ½ Bio-Zitrone
Salz
100 g Dinkelvollkornmehl
½ TL Weinsteinbackpulver
80 g zarte Haferflocken

*Nährwerte pro Stück: ca. 150 kcal, 2 g EW, 9 g F, 14 g KH, 1 g BST*
*Reich an Beta-Carotin und Eisen*

+ Den Backofen auf 180 °C vorheizen. Ein Backblech mit Backpapier belegen. Die Möhren putzen, schälen und auf der Gemüsereibe fein raspeln. Die Nüsse grob hacken. Die Cranberrys ebenfalls grob hacken.

+ Öl und Zucker in einer Rührschüssel mit den Quirlen des Handrührgeräts cremig verrühren. Ei, Zitronenschale und 1 Prise Salz kurz unterrühren. Mehl und Backpulver mischen und ebenfalls unterrühren. Zuletzt Nüsse und Cranberrys mit Haferflocken und Möhren unter den Teig heben.

+ Vom Teig mit einem Esslöffel Häufchen abstechen und mit etwa 5 cm Abstand nebeneinander auf das Blech setzen. Die Cookies im Ofen auf der 2. Schiene von unten 25 bis 30 Minuten goldbraun backen. Herausnehmen und auf einem Kuchengitter abkühlen lassen.

+ Die Cookies in einer Dose zwischen Backpapier kühl und trocken aufbewahren. So halten sie sich etwa 14 Tage.

**Die Ernährungs-Docs**
Haferflocken und Vollkornmehl sind eine gesunde Weißmehl-Alternative, denn in den Randschichten des ganzen Korns stecken wertvolle Ballaststoffe, die für einen gesunden Darm, eine gute Verdauung und eine lange Sättigung sorgen. Dazu kommen noch B-Vitamine, Mineralstoffe sowie die Spurenelemente Zink, Eisen und Selen, die das Immunsystem stärken.

# ZITRONEN-POWERBALLS MIT KOKOS

Naschen unbedingt erlaubt! Diese fruchtigen „Pralinen“ bringen verbrauchte Energie rasch zurück und pushen mit Ingwer, Kurkuma und Zitrone das Immunsystem.

Für 16 Stück
Zubereitung: 15 Minuten
Kühlen: 1 Stunde

150 g Cashewkerne
70 g Kokosraspel
1 Bio-Zitrone
15 g Ingwer
2 EL flüssiger Honig
1 TL gemahlene Kurkuma
30 g natives Kokosöl
2 EL gemahlene Mandeln

*Nährwerte pro Stück: ca. 120 kcal, 3 g EW, 10 g F, 5 g KH, 1 g BST*
*Reich an Niacin und Eisen*

+ Cashewkerne im Mixer fein hacken. Dann 50 g Kokosraspel dazugeben und alles nochmals fein hacken. Die Zitrone heiß waschen, abtrocknen und die Schale fein abreiben, dann die Zitrone halbieren und auspressen. Den Ingwer schälen und fein reiben.

+ Zitronensaft und -schale, Ingwer, Honig, Kurkuma und Kokosöl zum Kokos-Cashew-Mix geben und alles im Mixer zu einer geschmeidigen Masse verarbeiten. Die Mandeln hinzufügen und ebenfalls kurz untermischen. Aus der Masse mit angefeuchteten Händen 16 Bällchen formen. Die übrigen Kokosraspel auf einen Teller geben und die Zitronenbällchen darin rundum wälzen.

+ Die Bällchen auf einen Teller legen und im Kühlschrank etwa 1 Stunde ruhen lassen. Luftdicht verpackt und gekühlt sind die Powerballs etwa 2 Wochen haltbar.

Tipp: Für eine vegane Variante können Sie den Honig durch Kokosblüten- oder Vollrohrzucker ersetzen.

**Die Ernährungs-Docs**

Cashewkerne sind gut fürs Immunsystem, weil sie reichlich Zink enthalten. Dieses Spurenelement schützt die Zellen vor Schäden durch freie Radikale (siehe Seite 16). Zudem fördert es die körpereigene Abwehr von Viren und Bakterien, indem es die Struktur der Schleimhäute verbessert. Ohne Zink könnten bestimmte Abwehr- und Leberzellen nicht gebildet werden.

# Sachregister

# Rezeptregister

# Die Ernährungs-Docs

**Dr. med. Anne Fleck** ist seit Jahren anerkannte Expertin auf dem Gebiet der innovativen Ernährungs- und Präventionsmedizin. Die Fachärztin für innere Medizin und Rheumatologie mit besonderer Erfahrung in Naturheilverfahren und orthomolekularer Medizin verfolgt den ganzheitlichen Ansatz, moderne Schulmedizin, Zuwendung und Naturheilkunde effektiv zu kombinieren. Seit 2013 lebt und arbeitet sie im Herzen Hamburgs. Anne Fleck ist Mitglied in internationalen Fachgesellschaften und engagiert sich als Dozentin für moderne Gesundheitsansätze.

**Dr. med. Jörn Klasen** ist Facharzt für innere Medizin mit Schwerpunkt Magen-, Darm- und Lebererkrankungen, Ernährungsmediziner sowie Arzt für anthroposophische Medizin und Naturheilverfahren. Er kombiniert die konventionelle Medizin mit komplementärmedizinischen Methoden. Über 15 Jahre war er Chefarzt und 10 Jahre stellvertretender ärztlicher Direktor am Asklepios Westklinikum Hamburg. Seit 2015 ist er leitender Arzt des Zentrums für integrative Medizin am Medizinicum Hamburg. Er ist Lehrbeauftragter an der Universität Hamburg, hat Lehraufträge in Athen, Sofia und Zürich und ist Diplom-Heilpädagoge.

**Dr. med. Matthias Riedl** ist ärztlicher Direktor der von ihm 2008 gegründeten medicum Hamburg MVZ GmbH, die Diabetologie und Ernährungsmedizin mit neun angrenzenden Facharztrichtungen ganzheitlich verbindet. Der Internist, Diabetologe und Ernährungsmediziner ist außerdem als Publizist für Fachzeitschriften und Verlage, Dozent auf internationalen Kongressen und Lehrbeauftragter zweier Universitäten tätig. Im Vorstand des Bundesverbands Deutscher Ernährungsmediziner (BDEM e. V.) engagiert er sich für die Förderung der Ernährungstherapie. Das Magazin „Focus" nahm ihn 2013 in seine Empfehlungsliste „Top-Mediziner" auf.

**Dr. med. Silja Schäfer** ist Ärztin für Allgemeinmedizin und Ernährungsmedizin und führt eine Schwerpunktpraxis für Diabetes und Ernährung in Kiel. Als ehemalige Leistungssportlerin und Trainerin interessierte sie sich schon früh für gesunde Ernährung. Jetzt als Hausärztin liegt es ihr am Herzen, eine gesunde und gesunderhaltende Ernährungsweise für alle zu ermöglichen. Seit Januar 2020 ergänzt sie das Team der beliebten Ernährungs-Docs im NDR.

© 2020 ZS Verlag GmbH
Kaiserstraße 14 b
D-80801 München

ISBN 978-3-96584-088-1
2. Auflage 2020

Projektleitung: Kathrin Ullerich
Texte: Franziska Pfeiffer, Antje Brunnabend
Rezepte: Martina Kittler
Lektorat: Kathrin Gritschneder
Covergestaltung: ZERO Werbeagentur, München
Satz und grafische Gestaltung: Karin Miller
Rezeptfotografie: Claudia Timmann
Foodstyling: Claudia Seifert
Porträtfotos: Claudia Timmann, Andreas Sibler
Herstellung: Frank Jansen
Producing: Jan Russok
Druck & Bindung: optimal media GmbH, Röbel

Kurze Wege schonen die Umwelt
Dieses Buch wurde in Deutschland gedruckt

In Zusammenarbeit mit und lizenziert durch nonfictionplanet GmbH, Hamburg
© NDR – lizenziert durch Studio Hamburg Enterprises GmbH
Die ZS Verlag GmbH ist ein Unternehmen der Edel SE & Co. KGaA, Hamburg.
www.zsverlag.de | www.facebook.com/zsverlag



**Bildnachweis:** Shutterstock: 13, 14, 15, 17, 19, 22, 25, 28, 29, 30, 31, 32, 34, 36, 38, 39, 41, 42, 43, 44, 45; Andreas Sibler: 151; alle anderen Fotos: Claudia Timmann; Illustrationen: Shutterstock

## Hinweis

Die Ratschläge in diesem Buch wurden mit größter Sorgfalt von Autoren und Verlag erarbeitet und geprüft. Eine Garantie kann jedoch nicht übernommen werden. Ebenso ist eine Haftung der Autoren bzw. des Verlags und seiner Beauftragten für Personen-, Sach- oder Vermögensschäden ausgeschlossen. Erkrankungen mit ernstem Hintergrund gehören in ärztliche Behandlung! Bei bereits bestehenden Beschwerden kann das Buch daher keinen fachärztlichen Rat ersetzen.